U0609224

集贤县烈士陵园纪念碑

抗联陆军被服厂缝纫机

抗联陆军被服厂熨斗

抗联十一军七星砬子兵工厂机床

合江警卫潘守业等人1646年在太平老区剿匪

剿匪战斗

母送儿、妻送郎上前线

老区群众做军鞋支援前线

开发

奶牛

东方夏威夷国际商务会馆

华丰集团

五金交电专业市场

丰瑞油脂有限公司

花园中学

县小区开发

县休闲广场

原福利街景

现福利街景

原哈同公路

变

现哈同公路

老区饮水井

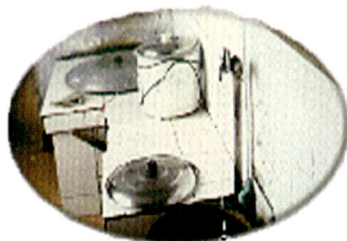
自来水入户

原二中教室

迁

现二中教室

石墨

黄檗

煤炭

水稻

硅线石

大豆

石灰石

玉米

资源

集贤县革命老区发展史

集贤县老区建设促进会　编

黑龙江教育出版社

图书在版编目（CIP）数据

集贤县革命老区发展史 / 集贤县老区建设促进会编
. -- 哈尔滨：黑龙江教育出版社，2021.5
ISBN 978-7-5709-2213-0

Ⅰ．①集… Ⅱ．①集… Ⅲ．①集贤县－地方史 Ⅳ.
①K293.54

中国版本图书馆CIP数据核字(2021)第078448号

顾　　问　于万岭
丛书主编　杜吉明
副　主　编　白亚光　张利国　李树明　李　勃

集贤县革命老区发展史
Jixianxian Geming Laoqu Fazhanshi

集贤县老区建设促进会　编

责任编辑　高　璐
封面设计　朱建明
责任校对　杨　彬
出版发行　黑龙江教育出版社
地　　址　哈尔滨市道里区群力第六大道1305号
印　　刷　哈尔滨博奇印刷有限公司
开　　本　787毫米×1092毫米　1/16
印　　张　17.75
字　　数　250千
版　　次　2021年5月第1版
印　　次　2021年5月第1次印刷

书　　号　ISBN 978-7-5709-2213-0　　定　价　38.00元

黑龙江教育出版社网址：www.hljep.com.cn
如需订购图书，请与我社发行中心联系。联系电话：0451-82533097　82534665
如有印装质量问题，影响阅读，请与我公司联系调换。联系电话：0451-51789011
如发现盗版图书，请向我社举报。举报电话：0451-82533087

—— 《集贤县革命老区发展史》 ——
编审委员会

主　任　杜朝野
副主任　聂建辉　朴永鹤
成　员　徐　军　王言印　李建华　李忠民
　　　　高兴元　闫照玉　马　骥　孙吉祥

—— 《集贤县革命老区发展史》 ——
编辑委员会

主　编　朴永鹤
副主编　杜玉林
编　辑　孙吉祥　张广军　杨铁锋　蔡欣雨
　　　　李中鹤　高鹏飞　吴　迪　石　鑫
编　校　王立忠

总　序

　　在举国欢庆新中国成立70周年前夕，中国老区建设促进会王健会长请我为《全国革命老区县发展史》丛书作序，作为一名在老区战斗过并得到老区人民生死相助的老兵，回首往事，心潮澎湃，感慨万千，深感义不容辞，欣然应允。

　　中国革命老区，是以毛泽东为代表的中国共产党人在领导人民推翻帝国主义、封建主义和官僚资本主义三座大山，争取民族独立和人民解放伟大斗争中建立的革命根据地，在这片红色的土地上，诞生了无数可歌可泣的革命英雄儿女，为后人树起了一座不朽的丰碑。她是新中国的摇篮，是党和军队的根。

　　在艰苦卓绝的战争年代，老区人民把自己的命运与中华民族的命运紧紧地联系在一起，与中国共产党和人民军队的命运紧紧地联系在一起，他们生死相依，患难与共。我曾亲历过战争年代，并得到过老区红哥红嫂的救助，切身感受到发生在身边的一幕幕撼天动地的革命故事，在那极其艰难的条件下，老区人民倾其所有、破家支前，不怕艰难困苦，不怕流血牺牲。"最后一碗米送去做军粮，最后一尺布送去做军装，最后一件老棉袄盖在担架上，最后一个亲骨肉送去上战场"，这是当时伟大的老区人民为建立新中国做出巨大牺牲的真实写照，它将永远镌刻在中国共产党、中国人民解放军、中华人民共和国的历史丰碑上。他们的光辉业绩永载史册，他们的革命精神必将影响一代又一代的革命新人，造就一代又一代的民族脊梁。

在社会主义革命和建设时期，革命老区和老区人民响应党的号召，面对落后的面貌、脆弱的经济、恶劣的生态环境，他们本色不变，精神不丢，自力更生，艰苦奋斗，干一行爱一行。始终坚持"革命理想高于天"，自觉做共产主义远大理想的坚定信仰者和忠实实践者，勇于向恶劣的自然环境和贫穷落后宣战，他们在各条战线上为国建功立业，用平凡的双手创造了一个又一个不平凡的奇迹，彰显了老区人的崇高精神和人格力量。

在改革开放的伟大进程中，老区人民解放思想，勇于创新，发奋图强，攻坚克难，老区的经济社会建设取得了辉煌成就。特别是在改变中国的面貌、中华民族的面貌、中国人民的面貌、中国共产党的面貌的伟大实践中发挥了至关重要的作用。老区人民既是改革开放的参与者，也是改革开放的推动者。

艰苦练意志，危难见精神。老区人民在近百年的革命战争、社会主义建设和改革开放的伟大实践中，孕育形成了伟大的老区精神：爱党信党、坚定不移的理想信念；舍生忘死、无私奉献的博大胸怀；不屈不挠、敢于胜利的英雄气概；自强不息、艰苦奋斗的顽强斗志；求真务实、开拓创新的科学态度；鱼水情深、生死相依的光荣传统。这是党和人民宝贵的精神财富、丰厚的政治资源，是凝心聚力、振奋民族精神的重要法宝，也是社会主义核心价值观的重要内容。

中国老区建设促进会怀着强烈的政治责任感和历史使命感，组织全国各地老促会人员克服困难，尽心竭力编纂《全国革命老区县发展史》丛书，记录老区的光辉历史和辉煌成就，传承红色基因，弘扬老区精神，是功在当代、利及千秋的一件大事。手捧这部丛书的部分书稿，读着书中的故事，倍感亲切，深感这部丛书具有资政、育人、存史的社会功能，有着重要的时代和历史价值。它是不忘初心、牢记使命的源头活水，是赞颂共产党、讴歌老区人民的一部精品力作，是弘扬老区精神、传承红色记忆的丰厚载体，是一项继承优秀传统文化、弘扬革命文化、发展社会主义先进文化，坚定"四个自信"的宏大文化工程。它必将成为一种文化品牌，为各界人士了解老区宣传老区支持老区提供一部有价值的研究史料。希望读者朋友们能从中了解并牢记这些为党和民族的利益不断奉献的老区人民，从中得到教益，汲取人生奋斗的精神动力。

　　新时代赋予新使命，新起点开启新征程。让我们更加紧密地团结在以习近平同志为核心的党中央周围，坚持以习近平新时代中国特色社会主义思想为指导，增强"四个意识"，坚定"四个自信"，做到"两个维护"，弘扬老区精神，铭记苦难辉煌。为实现"两个一百年"奋斗目标，实现中华民族伟大复兴的中国梦做出新的更大的贡献！

迟浩田

2019 年 4 月 11 日

编写说明

　　2017年6月，中国老区建设促进会组织全国各地老促会启动编纂《全国革命老区县发展史》丛书，按照"建立中国共产党、成立中华人民共和国、推进改革开放和中国特色社会主义事业"三大里程碑的历史脉络，系统书写革命老区百年历史，深入挖掘革命老区红色文化资源，这对于充实丰富中国革命史籍宝库、在新时代传承红色基因、弘扬革命精神、强固根本，对于激励人们在新的历史条件下夺取中国特色社会主义伟大胜利，实现中华民族伟大复兴的中国梦具有重要意义。

　　丛书编纂以习近平新时代中国特色社会主义思想为指导，以《中国共产党历史》《中国共产党的九十年》等重要文献为基本依据，以党的领导为核心，以老区人民为主体，以老区发展为主线，体现历史进程特征，突出时代发展特色，坚持辩证唯物主义和历史唯物主义相统一、历史真实性与内容可读性相统一的原则，书写革命老区从站起来、富起来到强起来的光辉革命史、不懈奋斗史、辉煌成就史，把老区人民的伟大贡献、伟大创造、伟大成就、伟大精神充分展示出来，形成一部具有厚重历史特征和鲜明时代特色的精品力作。这是一部培根铸魂、守正创新，既为历史立言，又为时代服务，字里行间流淌着红色血脉、催生着革命激情的传世之作。丛书的编纂出版将成为讴歌党讴歌人民讴歌时代、传播红色文化、为革命老区和老区人民树碑立传的重要载体。丛书按照编年体与纪事本末体相结合、以编年体为主的编写体例确定框架结构；运用时经事纬、点面结合的方式记述史实；坚持人事结合、以事带人的原则处理人与事的关系；采取夹叙夹议、叙论结合以叙为主的方法展开内容。做到史料与史论、历史与现实、政治与学术统一，文献性、学术性、知识性相兼容。

为编纂好《全国革命老区县发展史》丛书，打造红色文化品牌，中国老区建设促进会认真组织积极协调，提出政治立场鲜明、史料真实准确、思想论述深刻、历史维度厚重、时代特色突出、编写体例规范、篇目布局合理、审读把关严格、出版制作精良的编纂出版总要求，力求达到革命史籍精品的精神高度、思想深度、知识广度、语言力度，增强丛书的权威性和社会影响力。各省（区、市）、市（州、盟）、县（市、区、旗）老促会的同志，以强烈的使命感、责任感和紧迫感，勇于担当，积极作为，认真实施，组织由老促会成员、专家学者等参加的十余万人编纂队伍。编纂工作主体责任在县，省、市组织协调、有力指导、审读把关。各方面人员以高度负责的精神和科学严谨的态度，满腔热情地投入工作，为丛书编纂出版做出了重要贡献。丛书编纂工作还得到了党和国家有关部委、地方各级党委政府及有关部门的大力支持和积极参与，社会各界也给予了热情帮助。中共中央政治局原委员、中央军委原副主席、原国务委员兼国防部长迟浩田上将，对老区人民怀有深厚感情，对革命老区建设发展十分关注，欣然为《全国革命老区县发展史》丛书作总序。

丛书由总册和1 599 部分册（每个革命老区县编纂1部分册）组成，共1 600 册。鉴于丛书所记述的史实内容多、时间跨度长和编纂时间紧，不妥之处，敬请批评指正。

中国老区建设促进会

目　录

第一章　县域概况

第一节　自然地理

　　集贤是1979年省政府认定的革命老区县，位于黑龙江省东北部，三江平原腹地，完达山北麓，松花江下游南畔，东经130°39′30″—132°14′50″，北纬46°29′5″—47°4′3″。地貌特征为"三山半水六分半田"，以海拔200米以下的平原区为主，占区划面积的75%以上，具有典型的三江平原地貌特征。

　　区划面积2 247.7平方公里，辖5镇3乡、7个社区、159个行政村、2个国营农场。5镇分别为福利镇、集贤镇、升昌镇、丰乐镇、太平镇，3乡分别为腰屯乡、兴安乡、永安乡。总人口32万，农业人口18.4万。

　　集贤县属中温带大陆性季风气候，四季分明，年均气温约为3.7摄氏度，年平均降水量509.8毫米，全年无霜期为147天，年积温2 718摄氏度，年日照约为2 617小时。

　　林业 分布在西部及西南部的原始地带性森林植被为阔叶红松林，现为阔叶混交次生林、阔叶次生林、灌丝疏林及人工针叶林。林地总面积53 835公顷，其中，用材林22 970公顷，防护林14 382公顷，薪炭林3 783公顷，经济林11 840公顷。林木蓄积总量455万立方米，森林覆盖率6.6%。其中，国有286.6万平方米，集体118.4万平方米。阔叶混交林分布在400米以上低山丘陵区，即七星砬子、十里草川、二十三公里、老平岗、长岭子、大小黑瞎子沟一带深山区，针叶树种为红松、落叶松、樟子松、云杉，阔叶树种为桦、杨、柞、椴树为主。阔叶次生林分布在海拔300~400米低山丘陵区，即太平、丰乐、福利、升昌及腰屯的双山，索伦岗山边地带浅山区。

土地 集贤县辖区内土地总面积为221 675.36公顷，其中：国有土地103 182.54公顷，集体土地118 492.82公顷，耕地152 914.55公顷，园地555.06公顷，牧草地1 381.04公顷，城镇村及工矿用地10 102.91公顷，交通运输用地5 406.3公顷，水域及水利设施用地8 605.88公顷，其他用地721.45公顷。基本农田保护地块7 694块，设立永久性保护牌155个，基本农田保护面积96 584公顷，保护率82.12%。

矿产 集贤县矿产资源丰富，已探明的煤、铁、硅线石等各类矿产24种，其中煤炭储量最为丰富，达15亿吨，且龙煤集团双鸭山分公司的主产煤井主要分布在集贤境内。煤炭种类主要有气煤、焦煤、长焰煤、弱粘煤，均为灰分少、含硫量低的优质煤，是建设煤化工项目的理想原料。县地处煤炭产区，煤炭价格相对较低，生产用煤实际成本远低于非煤炭产区企业用煤成本。

水利 集贤县平均水资源总量为3.20亿立方米，其中：地下水资源量为1.80亿立方米，地表水资源量为1.40亿立方米。人均占有水量为1 000立方米，是黑龙江省人均水量的50%，是全国人均水量的40%；耕地亩均水量为261立方米，是黑龙江省的57%，是全国的15%，是一个水资源比较缺乏的地区。强富水区主要分布在集贤县平原北部，兴安乡、永安乡和集贤镇一带；中等富水区主要分布在平原中部地带，腰屯乡、集贤镇大部；弱富水区主要分布在太平、丰乐、福利、升昌一带。

生物 集贤县动物有鹿、野猪、狼、黄鼠狼、刺猬、野兔、猞猁、香鼠、黑熊、狍子、紫貂、松鼠、梅花鹿、貉、獾、麝鼠等。鱼类有鲫鱼、镜鲤、泥鳅、鲶鱼、狗鱼、青鱼、白鱼、鲢鱼、林蛙、河蟹、草鱼等10多个品种。药材有防风、龙胆草、甘草、桔梗、知母、大力子、赤勺、柴胡、黄芩、玉竹、车前子、黄花、白鲜皮、茵陈、蒲公英、升麻、延胡索、益母草、白头翁、满山红、黄檗、平贝、细辛、黄芪、贯众、地丁、马齿苋、苦丁香、薤白等100多种。草本植物有小叶樟、豌豆、五胁山梨豆、油包草民、黄花菜、啮叶凤毛菊、蚊子草、紫苑等。真菌类有松茸、黑木耳、猴头蘑、元蘑、香菇、榛蘑等。野菜类有蕨菜、黄瓜香、桔梗、蒲公英、猴腿蕨、刺老芽、黄花菜、山芹菜、山韭菜等。野果类有山核桃、红松籽、毛榛、刺玫果、山葡萄、树莓、草莓、都柿、山丁子、山里红、狗枣等。

第二节　交通运输

集贤县革命老区具有独特的区位优势，距离双鸭山市区仅几公里，距离佳木斯市50多公里，是黑龙江省东部地区重要的交通要道和物流集散地，是"中蒙俄经济走廊"的节点地带。水运毗邻佳木斯、同江、富锦、饶河等对俄贸易口岸。县内公路、铁路四通八达，同哈、依饶、双桦三条高等级公路穿境而过，哈佳高铁实现通

车，牡佳高铁正在建设，中俄同江铁路大桥业已通车，机场项目正在加快推进，这为快速物流，发展对俄经贸合作提供了便利的交通条件。立足这一独特的交通区位优势，建成各类综合、专业市场40多处，辐射全国28个省，150多个城市及俄罗斯等国际市场。集贤商贸城发展成为全省十大农副产品批发市场、全国文明市场。板子房瓜菜市场占地10万平方米，辐射西瓜种植基地20多万亩，是全国最大的西瓜专业批发市场。三江农资批发市场建设项目占地14万平方米，是黑龙江省东部最大的农资专业批发市场。

第三节　建置沿革

商周时期，通古斯满族的先祖——肃慎，就繁衍生息于此，进入民族社会后，开始以渔猎为主。汉魏时期，肃慎易称挹娄，依山傍水，建立了大量城址。南北朝时，称勿吉。唐时，为渤海怀远府所辖。辽代，属女真王国之越里吉部。明代，属奴儿干都司弗提卫。清初，为盛京将军和清廷双重统治下的宁古塔都统辖境。1732年，为三姓副都统治下。1905年，处依兰府所辖。1907年，改设吉林行省，在临江设州，此地由其管制。1909年，临江州改为临江府，下置富锦县，此时集贤亦未建县，除了太平镇、丰乐镇属桦川县外，本地为富锦县管辖。1946年6月，方设置集贤县，归属合江省，治所位于集贤镇，属合江省辖。1954年5月，合江省并入松江省，集贤县属松江省辖。1954年8月，松江省与黑龙江省合并，集贤县属黑龙江省辖，属合江行署管辖县。1960年撤销集贤县制，改为双鸭山市郊区，1962年恢复集贤县制，属合江行署管辖，1966年"文化大革命"开始，中共集贤县委、县人民政府被"夺权"。

1967年4月建立集贤县革命委员会，属合江地区革命委员会管辖。1980年5月，恢复集贤县人民政府，归合江地区专员公署管辖。1985年1月，合江行署撤销，归佳木斯市管辖。1988年1月起，开始划归双鸭山市管辖。

建县后，行政区划变化频繁。初，本县设城区、城郊、太平、沙岗、兴安、兴隆、永安7个区。1949年3月增设腰屯、福利、三道岗区，全县共10个区。1950年区名改称为一区（城区）、二区（城郊）、三区（永安）、四区（兴安）、五区（福利）、六区（沙岗）、七区（太平）、八区（腰屯）、九区（兴隆）、十区（三道岗）；并设双鸭山矿区。1954年5月，双鸭山矿区独立，由省直辖。1956年3月，桦川县苏家店、悦来、太平、新城4个区和富锦县柳大林子的4个村划归集贤县。是时全县共划为33个乡，2个镇，8个区公所，县委、县政府由集贤镇移至福利屯。

1957年，将公立、双河、西山、中华、日升、东胜6个自然屯和整个瓮泉乡划归双鸭山市。1958年，将悦来镇、苏家店、孟家岗、丰年、中安、乌龙、新城、东林8个乡镇划给桦川县。撤销原东胜、夹信子、联明、永发、团结、兴隆山、兴胜、集富8个乡，将原来24个乡镇合并为15个乡镇。

1959年，腰屯乡划给二九一农场（1962年又划给集贤县），余下的14个乡镇改为6个人民公社和3个畜牧场。合江地委于太平乡划出7个自然屯，建立畜牧场，由地委管辖。同年11月，将三道岗、七星、友邻、友谊4个乡及兴隆乡的3个作业区划归友谊农场。1984年5月，全县十二个人民公社改为乡镇人民政府。

2001年2月，十二个乡镇合并为八个乡镇，分别为福利镇、集贤镇、丰乐镇、太平镇、升昌镇、兴安乡、永安乡、腰屯乡。

第四节　民族宗教

集贤老区辖有佛教、伊斯兰教、基督教三种宗教。有佛教协会、伊斯兰教协会两个宗教团体。有经省宗教局批准设立的宗教活动场所4处：其中佛教1处，大菩提寺；伊斯兰教1处，福利镇清真寺；基督教2处：集贤镇教堂、福利镇基督教固定处所。有宗教教职人员16人：其中佛教10人（比丘），伊斯兰教1人（阿訇），基督教5人（牧师1人、长老1人、教师3人）.全县有宗教信众8 749人，其中佛教3 500人，伊斯兰教1 208人，基督教4 041人。

基督教教堂

老区共有20个民族，总人口316 371人，其中汉族306 895人，占总人口的97%。少数民族19个，人口9 476人，主要有满族6 727人，占总人口的2%；回族1 358人，占总人口的0.4%；朝鲜族1 038人，占总人口的0.3%；蒙古族337人，

朝鲜族婚礼

占人口的0.1%；赫哲族32人；其他少数民族人数均不足20人。全县少数民族人口占总人口的3%。

第五节　经济概况

2018年，全县老区生产总值实现73.6亿元，同比增长5.5%；固定资产投资实现20.9亿元，同比增长15.1%；公共财政预算收入实现2.25亿元，同比增长19.4%；社会消费品零售总额实现28.2亿元，同比增长6.1%；城乡居民人均可支配收入分别实现26 421元和14 105元，同比分别增长7.4%和6%。全县三次产业比重为29∶22.7∶48.3。全年招商引资累计到位资金实现20亿元。工业总产值实现16.7亿元，同比增长5.5%，规上企业发展到33家。

第一产业 农业生产条件较为优越，属第二积温带，共有耕地188万亩，农作物以玉米、水稻、大豆为主，年均粮食产量保持在20亿斤左右，是黑龙江省重要的商品粮生产基地。2017年，农业生产总值实现21.3亿元，同比增长4.8%。农业结构逐步优化。玉米面积116万亩，水稻面积34万亩，大豆面积16万亩，杂粮杂豆、蔬菜、瓜果及其他经济作物近22万亩；全县畜牧产值达到6.46亿元，生猪存栏量11.1万头，肉牛存栏量1.5万头，家禽存栏38.4万只，规模养殖场达到104家；林下经济快速发展，北药、红松坚果林分别达6 929亩和1.3万亩，食用菌达到5万段（袋）。农业基础更加坚实。建设了百吨水稻智能催芽基地4个，高标准"互联网+"基地9个，创建国家级绿色水稻基地20万亩，农业"三减"示范区达到20万亩，绿色食品种植面积85万亩。各类农民专业合作社发展到338家，千万元以上农机合作社10家，省级规范社3家，土地流转面积达到35万亩，占耕地总面积的18.4%。品牌创建初现成效。"集贤大豆"、"友好香瓜"和"板子房西瓜"是国家地理标识，"同鑫"面粉是国家驰名商标。非转基因大豆油、古城黄烟等农产品享誉全国，广德豆粉、七星泉水大米等农产品受到省内外消费者的青睐。统一设计包装申请注册的"集贤臻品"商标，正在全面打响"鸭稻米、精品油、有机菜、纯粮酒"等地域特色农产品品牌。

第二产业 工业总产值16.7亿元，同比增长5.5%，规上企业发展到33家。粮食及绿色食品加工产业逐步壮大。全县有粮食加工企业30家，规模以上企业19家，主要以大豆、玉米、水稻加工为主，年加工能力可达500万吨。围绕"农头工尾""粮头食尾"，成功引进了四川鸿展与华粮酒业合作，建设了30万吨食用酒精项目；促成上海翔宴公司与金谷集团合作，建设了30万吨饲料加工和10万吨酒精项目，两个项目均建成投产。煤炭开采及煤化工产业初具规模，已探明的煤炭地质储量近17亿吨，煤炭产量实现25万吨，上缴税金1 500万元。华本集团是全县唯——家煤化工企业，建有煤炭洗选、焦炭生产、焦炉煤气制甲醇、生物质资源化、LNG、三聚华本费托合成油等项目。清洁能源产业势头强劲。先后引进了龙源、大唐、集贤等3家风力发电项目，总装机容量达30万千瓦，年发电能力可达3.6亿度。打造了3.32平方公里的省级经济开发区，现入驻企业23家。经济开发区内企业共上缴税金1 927.6万元。

第三产业 第三产业总产值35.6亿元，同比增长5.8%。商贸物流产业活力增强，建设了四达中俄国际贸易中心，是黑龙江省东部最大的农副产品批发市场，建有海关监管点、保税仓库、甩挂物流中心和冷链物流加工配送中心，国际交易额实现26亿元。三江国际汽车城是黑龙江省东部较大的综合性汽车销售服务中心，落户4S店13家，年汽车交易量4 000辆左右。电子商务产业快速发展，建成四达颐高国际电商产业园，入驻企业22家，农道"东北印象"和"37秒"易淘等共122个农村服务网点投入运营。上行、下行交易额分别实现4 300万元和1.2亿元。文化旅游产业方兴未艾，具有独特的自然景观和丰厚的文化底蕴。七星山森林公园是著名的抗联遗址，已成功晋升国家级森林公园。安邦河湿地自然保护区是国家AAAA级旅游景区。滚兔岭遗址是汉朝至南北朝时期最典型的古城遗址之一，是第五批全国重点文物保护单位。龙山大菩提寺是省内规模宏大、闻名遐迩的佛教文化旅游景区。创建了6 000平方米的四达工艺美术研创基地，拉动了集贤文化产业发展。旅游收入实现242万元，同比增长32%。

第六节　文化概况

集贤革命老区地域文化起源较早，是满族历史文化的重要源流之一。早在商周时期，满族先祖——肃慎，就繁衍生息于此。地域文化起源于战国晚期至汉魏时期，后经南北朝、唐、辽、金、明、清等朝代的演变，取得了长足的进步。追溯历史沿革，灿烂的县域文化源于1886年，娄姓一户由渔猎而入耕稼，引大批汉人入此，满汉文化融合。新时期文化萌芽于1956年，群众文化发展于改革开放时期。

滚兔岭出土文物

1994年粗具规模，建成省级先进文化县，预示着新时期文化的开始。"十五"时期，连续3年荣获全省"金色田野"系列活动优秀组织工作奖，升昌镇在全国先进文化站的基础上又被命名为全国农民画艺术之乡，文化馆被评为全省送戏下乡优秀单位，电影公司被评为全国电影放映"2131"工程先进集体。音乐、舞蹈、金石书画渐露头角。2005年"中国·集贤·地域文化与作家学术研讨会"隆重举行，文化事业进入了新的发展阶段。

已发现各类遗址214处，遗址数量居省内各县第二位。其中，由满族先祖挹娄人营造的遗址183处，有全国重点文物保护单位滚兔岭城。1984年，在该城址出土文物60余件，此城址被命名为滚兔岭文化。省级文物保护单位4处，包括东辉古城址、索伦岗遗址群（保护29处）、古城山遗址群（保护28处）和七星砬子抗联密营遗址。2004年10月，在索伦岗遗址群中的永红西遗址清理灰坑3处，出土文物240余件，其中骨器形制多样，在省内极为罕见。现存文物500余件，标本2 000余件。包括铁器、石器、陶器、骨器、玉器、牙器、青铜器等。"七星峰七仙女""索伦岗救命草"的美丽传说和抗联英烈的英雄故事为老区地域文化增加了许多传奇色彩。

滚兔岭城址内涵极为丰富，在全省乃至全国有着很高的知名度。1999年被黑龙江省人民政府批准为省级文物保护单位。2001年5月，被国务院公布为第五批全国重点文物保护单位。其重要发现有：（1）1981年，吉林大学师生在三江平原进行文物普查时发现。（2）1984年6月30日—8月27日，黑龙江省考古研究所对滚兔岭城址进行发掘，出土石器、骨器、铁器共计60余件，因其出土陶器具有角状把器耳，树立了本地区考古学文化的标杆，被命名为滚兔岭文化，在中外史学界占有重要的地位。

索伦岗遗址群、古城山遗址群是两处大型的汉魏时期遗址群，都是黑龙江省人民政府公布的第五批省级文物保护单位。从两处遗址群采集到的文物类型来看，应属滚兔岭文化类型。索伦岗遗址群位于腰屯乡繁荣村东、南部的大片区域，属完达山余脉与三江平原交汇的丘陵地带，东、北部是一望无际的三江平原，西、南部是低矮的山地丘陵，由28处遗址组成，遗址分布密集，其中城址11处，聚落址17处，遗址多为柞、榛等次生林覆盖，汉魏地表坑密布，大部分保存完好，但局部地段受人工采石破坏严重。遗址区域面积14平方公里，保护范围面积45万平方米。古城山遗址群位于太平镇太平村以东的大片山地丘陵地带，遗址周边多为浅层耕地，汉魏地表坑分布明显，大部分地域为林木覆盖，保存较好，遗址区域面积14平方公里，包括遗址29处，其中城址9处，聚落址20处，城址多为单堡或双堡结构，有城垣，一重、两重不等，保护区面积约50万平方米。

文博馆

县委、县政府全面推进"文化下乡、文化兴乡、文化留乡"工程建设，已拥有各类文艺骨干3 000多人，常年参加活动的县直1 800多人、乡镇1 200多人、其中国家级会员24名、省级会员25名，县级会员320多名。全县文学艺术团体分为文学、诗词、书法、曲艺、绘画、舞蹈、美术、摄影8个协会。县内共培植、扶持、巩固了五个文艺群体，其中升昌镇美术群体115人，为省级优秀文艺群体。县城"星辉印社"11人，"七星诗社"有19人是中华诗词学会会员。二校美术群体76人，"绿洲文学社"8人为市级文艺群体。城乡书画研究会37人，农民画研究会45人、农民管乐队26人、邮政铜管乐队39人，声乐、器乐协会65人为县级标准。截至目前，全县已拥有各类文艺骨干3 000多人，常年参加活动的达3 000多人，其中国家级会员5名，省级会员25名，县级会员320多名。1979—1981年被评为省地先进单位，文化馆达到省标一级馆水平。1982—1992年间，群众文化艺术创作有拉场戏、二人转、群口快板等十几个作品获省级奖励或在省级刊物上发表，小戏《世上只有妈妈好》获文化部"群星奖"，并被推荐参加了中央电台春节大联欢节目。美术创作有一批工人、农民的作品曾获省级以上奖励，《明月禾锄归》《北方泪》等是反映乡土绘画的杰作。年画亦显示雄厚实力，正式出版50余幅，油画作品在技巧上追求形状和色彩的逼真，题材着重反映普通人的日常生活，《雪》1992年送日本陈列，《斧子》《收获》等是这一时期的代表作。同期，文化工作纳入全县考核目标，开始每年召开全县群众文化工作会议，兑现责任目标。每年都举办春节电视联欢会、秧歌会演、灯展、灯谜活动。1991年举办首届农民艺术节。提出"城乡一体、合理布局、巩固提高、全面繁荣文化事业的目标和任务"，1996年，县庆五十周年文艺专场及美术、书法大展，少儿街头书画大赛等系列活动。有国家、省、市领导参加或以不同方式表示祝贺。1997年举办庆"七一"迎回归文化夜市，人海如潮，万人空巷，开创了县域大型文艺活动的先河。

集贤老区县是能者荟萃、才子云集的文化富县。民间粉笔微雕曾参加全国民间艺术展，篆刻在报刊发表90余方，1990年民间书法作品曾获国际书法大赛奖，1997年民乐演奏员代表双市出访日本。尤其是县内以升昌镇为代表的农民画艺术呈现出良好的发展态势，该镇的美术小组是20世纪70年代初成立的，近年来，在省、市、县业务部

抗联歌曲演唱

门的帮助和辅导下，农民绘画活动蓬勃发展，先后参加活动的群众有一百余人，其中经常参加创作活动的骨干50多人，青少年活动骨干近80人，创作各式美术作品2 300余件，有570余件参加过县、市省及国家各部门举办的书画展览。女青年朱凤兰创作的《山村文化室》等28件作品曾发表在省市各级报刊上；王涛等13位作者的作品正式出版发行。还有书画展览图片30多套一千余幅。创作墙壁画23面，农民自刻新挂钱2万多张。有两件农民画作品进京参加《全国农民画展览》受到国家文化部、中国美术家协会的表彰奖励。有14件农民画作品参加文化部《中国现代民间绘画精品展》。同时，少儿美术队伍迅速发展，几年来共创作各式作品1 300余件，特别是具有汉画像砖风味的版画作品，充满了北疆浓郁特色，又具有农家传统剪纸风格。有136件作品参加全国少儿书画作品展览和省青少年书画展览。另有43件作品赴美、日、俄、加拿大及港澳地区展出。2003年，宋杰的纸版画《民族头饰》在中央电视台《民族大家庭》栏目展示。还有丰乐镇、太平镇电影放映队，也是农民自办文化的一个亮点。2004年，消夏啤酒夜市电影放映实况被双鸭山市电视台记者采录报送央视二套，县电影公司放映的电影场景，被采入全市"金色田野"活动专题片。此

外，各社区还有书法培训、字画装裱业以及萨克斯、二胡、笛子、钢琴、唢呐、琵琶等各种培训班十分活跃，成为较有影响的城乡民间、民俗文化的典型。举办"超时空"卡拉ok大奖赛，影响到广州厂商和黑龙江东部地区，举办浙江知青回访"情结集贤"书画展和专场文艺演出、举办中俄少儿联谊专场文艺演出等，促进了县域文化的对外交流。连续举办22年的春节联欢会曾邀请北京、上海、吉林等原集贤县文艺界人士和双鸭山、鹤岗及邻县的演员参加，以本地文艺队伍为主要阵容，场面宏大，设计精美，演出效果极佳。2005年，县委、县政府组织开展了"中国·地域文化与作家学术研讨会"活动，通过学术交流、七星采风、墨趣联谊以及中国散文学会集贤安邦河湿地创作基地揭牌仪式等系列活动，彰显了集贤文化底蕴，扩大了影响力，提高了集贤的知名度。还成功举办了"中国·黑龙江板子房西瓜节"系列宣传文化活动，大力宣传集贤农业产业化及特色经济的发展成果。组织开展了九三学社中央、中国农学会送科技下乡双鸭山集贤现场会，通过组织科普讲座、文化交流等活动，促进了经济发展，丰富了全县科技、文化、卫生"三下乡"活动的内涵。老区文化活动呈现繁荣、发展的新局面。

集贤已连续开展传统的春节系列活动，有春节联欢、秧歌会演、灯展、灯谜、楹联展等活动，形成了独具特色的地域文化。此外，全县每年大型文化活动均保持在15次左右，全县8个乡镇年均举办大型活动保持在5—8次之间，中小型活动15—25次。庆祝建县五十周年文艺专场和美术、书法大赛，

老区村秧歌

文化夜市，每四年一届的农民艺术节，浙江知青回访系列美影

展，俄罗斯哈巴罗斯斯克与集贤县青少年文艺演出等活动至今还被人们津津乐道。国家级篮球队、乒乓球队的明星队员多次光临集贤县，一展精湛球艺。俄罗斯篮球队、演唱团，也多次受邀来到集贤老区献艺。

第七节　自然资源

集贤老区水利资源充沛。年平均水资源总量为3.20亿立方米，其中：地下水资源量为1.80亿立方米，地表水资源量为1.40亿立方米。人均占有水量为1 000 立方米，耕地亩均水量为261立方米。有小河流6条，小黄河、二道河属乌苏里江水系，安邦河、哈达密河、柳树河、太平河属松花江水系。除安邦河、二道河外，均发源于集贤县。全县共修建河流堤防197.4公里，其中达到20年一遇防洪标准的70公里，占堤防总长的35%，其余的均能达到10年一遇防洪标准。多年来，全县利用山谷和平原修建了小（Ⅰ）型水库3座，小（Ⅱ）型水库1座。

（1）红旗水库。位于永安乡境内，是由福利镇东安帮灌区渠首从安帮河引水的平原小（Ⅰ）型蓄水工程，控制流域面积605平方公里。设计总库容990万立方米，库区总面积约6平方公里，实有库容500万立方米。

（2）三八水库。位于集贤镇南0.5公里处，集雨面积25平方公里，来水面积范围内都是坡耕地，同时升平煤矿疏干排水（每年约270万立方米）排入三八水库。设计总库容220万立方米，兴利库容140万立方米，属于小（Ⅰ）型平原水库，库区最大面积1.44平方公里。

（3）庆丰水库。位于丰乐镇庆丰村东，集雨面积13.8平方公里，设计总库容163万立方米，兴利库容99.5万立方米，属于小（Ⅰ）型山区水库，库区最大面积0.56平方公里。

（4）丰北水库。位于丰乐镇北3.5公里处，是引柳树河水的平原小（Ⅱ）型蓄水工程，控制流域面积155平方公里，设计总库容90万立方米，水库由土坝、放水闸组成。

地下水资源可利用量为1.5亿立方米，其中平原区可利用量为1.38亿立方米，山丘区可利用量为0.12亿立方米。全县共有各类机井1 200多眼，地下水资源现状利用水量0.93亿立方米，其中农业用水量为0.6亿立方米，城镇生活为0.04亿立方米，农村生活为0.06亿立方米，工业用水为0.08亿立方米（不含福利镇）。境外调水主要是双鸭山市二、三水源及集贤煤矿调水量为0.15亿立方米（不含大唐热电厂）。地下水利用率达到了60%以上。

林地总面积53 835公顷，针叶树种为红松、落叶松、樟子松、云杉，阔叶树种为桦、杨、柞、椴树为主。阔叶次生林分布在海拔300~400米低山丘陵区，针阔混交林是残留的阔叶树种发育形成的，萌生多、实生少，主要树种为柞、桦、杨、春榆、蒙古栎、水曲柳，优势数种不明显，故有"杂木林"之称。林下灌木丛生植物种类繁多，主要有蕨菜、野百合、木贼、透骨木等。人工林分布在低山丘陵区的荒山和林间空地，或成片独立成林，或与天然次生林相交融，树种以落叶松、樟子松、红松为主。此外，在丘陵漫岗区及平原区尚有一定面积的防护林、护路林、护岸林、水土保持和经济林，树种多为杨、柳及落叶松、樟子松。

集贤县地形复杂，植被种类丰富，共有高等植物科、属、种（包括苔藓、蕨类、种子植物）。种子植物1 764种、644属、111科，占全国总种数的7.2%。种子植物中被子植物107科、636属、1 747种；裸子植物4科、8属、17种。全县植物属三江平原和东部山地植物区系，植被类型有森林、森林草甸、草甸草原，此外还有隐域性草甸和沼泽。集贤县境内植被的水平分布规律：南部山区为寒温带针阔叶混交林，北部和东部平原区为耕种植物和湿地带。七星峰海拔852.7米，在其附近产生较明显的植物垂直地带性分布，是森林、山产品及各种植物集中分布区。县域内已无原始森林，人工树种主要有杨、榆、柳、唐槭、樟子松、落叶松、赤松。芦苇主要分布在安邦河湿地自然保护区内，主要品种有白皮苇和紫穗苇。全县木耳、蘑菇等野生菌类的人工栽培发展很快。灌木浆果黑加仑，在丰林村已有多年栽培历史，它含有多种蛋白质、氨基酸和维生素，为酿酒佳品。全县有大量蜜源植物可供利用，主要有紫椴、糠椴、胡枝子，野豌豆、毛水苏、白花草木樨，此外还有60余种野生辅助蜜源植物。这些植物对蜂群的发展及蜂蜜、王浆的产量都有很大影响，在七星峰区域内分布着许多养蜂场。全县蚕业发展很快，属于传统产业，县政府专门设置蚕业管理站，整个近山区均有蚕场，主要放着柞蚕和桑蚕。

动物种类繁多。这不仅与现代自然地理环境的多样性有关，也与古生物的起源与地质年代的演变历史有关。哺乳类又称兽类，是高等动物中构造与功能最复杂的类群，能适应复杂多变的环境条件。

鹿经济

集贤县兽类现有6目20多种，其中大型与中型兽类主要分布于山区，小型啮齿类分布在平原、山地、丘陵和河谷的草地。东北虎曾栖息在七星峰自然保护区内。鸟类165种，每年都有大量的水禽在此栖息。2001年9月共记录到40多只丹顶鹤，最大集群为12只。2002年9月，记录到94只白琵鹭迁徙群、2只东方白鹳和数千只雁鸭类等稀有鸟类落户安邦河湿地。两栖、爬行类动物都是陆栖脊椎动物中较低等的变温动物，它们喜欢在温暖环境中生活，而集贤县气温较低，对它们的生长不利，故这两类动物较少，属于北方型的代表种为大蟾蜍及林蛙，均为无尾两栖类中最耐寒的种类。属于东北型的代表种为粗皮蛙。集贤县河沟渠纵横交错，池塘、泡沼苇塘、水库塘坝星罗棋布。绝大多数水域生态条件良好，水质肥沃，饵料生物繁盛。全县有水面13 000亩，主要有澎泽鲫鱼、德国镜鲤、泥鳅、花白鲢、鲶鱼、草鱼等10多个品种。

目前已发现各类矿产24种，已探明资源储量的矿产有13种，进入黑龙江省矿产资源储量表的矿产有2种。全县共发现煤矿床14处：其中大型2处、中型3处、小型9处，均为烟煤。原煤资源储量171 470万吨，占全市资源储量的18.3%，集中分布在集贤镇至二九一农场一带，资源储量7.0亿吨未开发利用。作为黑龙江省四大煤城之一的双鸭山市煤炭储量在120亿吨以上，主产煤井及煤炭后备资源主要分布在集贤县境内。集贤县每年可利用煤炭资源商品量超过1 400万吨。县内有铁矿（化）点6处，铁矿石资源储量15.29万吨，均分布在丰乐镇柳树河子铁矿点。小型水泥用大理岩矿床1处，分布在山区乡老头山，矿石资源储量112.9万吨。中型饰面花岗闪长岩矿床1处，位于青山村，饰面花岗岩矿石资源储量260万立方米。大型硅线石矿床1处，位于石门村西山，矿石资源储量1 325万吨。小型玻璃用硅石矿床2处，位于石门村西山及升昌镇爱林村，矿石资源储量201万吨。小型钾长石矿床1处，位于升昌镇爱林村，矿石资源储量1.13万吨。矿泉水中、小型矿床各1处，资源储量24万立方米。小型砖瓦用粘土矿床18处，资源储量526万吨。小型建筑用花岗岩及砂岩矿床共5处，小型建筑用砂矿床2处。主要分布在县内主要公路附近。

在探明资源储量的13种矿产中，有9种已开发利用。全县已探明资源储量的47处矿床中，有39处已开发利用，8处未开发利用。大型硅线石矿床1处，现资源储量较多。铁矿（化）点利用比为3：6，其中两处已采空，现柳树河子铁矿点已开发利用，铁矿资源储量很少。饰面花岗闪长岩矿现在按建筑石料开采，开采量小，存在低质利用问题。水泥用大理岩矿床利用比为1：1，资源储量少。矿泉水利用比为2：2。建筑用花岗岩及砂岩、砖瓦用黏土及建筑用砂矿床均全部开发利用。硅石、钾长石矿床尚未开发利用。

第八节　农业资源

集贤县地处三江平原腹地，属第二积温带，现有耕地188万亩，农作物以玉米、水稻、大豆为主，每年粮食产量保持在20亿斤左右，是全省重要的商品粮生产基地之一。2018年，种植玉米面积114.7万亩、水稻面积32.6万

水稻基地

亩、大豆面积16.5万亩、小麦面积0.12万亩、马铃薯面积2.13万亩、杂粮杂豆4.8万亩、蔬菜面积0.55万亩、瓜果9.9万亩、鲜食玉米0.64万亩，其他经济作物5.8万亩。"集贤大豆"、"友好香瓜"和"板子房西瓜"是国家地理标识，"同鑫"面粉是国家驰名商标。集贤县以农业供给侧结构性改革为契机，扎实推进粮食初加工向精深加工转变，四川鸿展集团、北大仓集团、上海翔宴等国内知名企业均已在我县投资粮食深加工项目，大北农集团、南京果果集团等企业投资的畜牧养殖、大豆深加工等项目正在加快推

进，粮食及绿色食品精深加工产业集聚效应初步形成。为提高农产品市场竞争力，集贤县以"粮头食尾""农头工尾"为方向，掌握市场需求，将重点发展富硒大米、食用油、鲜食玉米以及化工原料、有机肥、清洁燃料、畜牧养殖等农副产品精深加工产业。集贤县林地总面积4.6万公顷，其中，国有林地面积36 834.1公顷，集体林地面积6 748.8公顷，个人2 211.8公顷。有林地面积32 751.8公顷，疏林地27.1公顷，灌木林地111.1公顷，未成林造林地150.1公顷，林辅用地3 781.9公顷，苗圃5.1公顷。集贤县森林植被、林下产品资源极其丰富，发展林下经济条件得天独厚。我县充分把握国有林场改革契机，深入挖掘林下资源潜力，积极引导林场职工、农业企业发展北药种植、食用菌培植等项目，招引了"古城子"花菇生产加

养殖业

工、北京世纪鼎泰食用菌种植繁育及生产基地建设项目，两个项目正在积极推进。目前，全县林果面积发展到8 160亩，年产量52.5万斤；北药面积达到7 014亩，年产量2 954万斤；野生蘑菇、木耳等产量7万斤；野生山野菜17万斤。我县依托县内林下资源优势，将重点发展保健食品、食品饮料、特色医药、特色养殖等林下产业。

第九节　产业优势

集贤县政府把产业项目建设作为推进老区经济发展的"一

号工程"来抓，实行大项目建设"五定三包"包保责任制，产业项目建设取得较好成效。2018年，实施续建的项目有4个：一是总投资10亿元的鸿展集团30万吨食用酒精项目，2018年10月已完成投资4.75亿元，2018年末可正式投产；二是总投资8.6亿元的威克特生物科技公司30万吨生物饲料加工生产线项目，2018年10月已完成投资1.3亿元，2018年末可建成投产；三是总投资4.1亿元的四达农副产品公司冷链物流项目，规划建设气调库、冷藏库、交易大厅等设施，总建筑面积19.9万平方米，2018年10月已完成投资1 200万元，预计2019年11月份全部竣工；四是总投资9 800万元的金谷物流公司30万吨仓储物流项目，2018年11月份竣工投入使用。2018年，全县新建产业项目有6个：一是总投资1.5亿元的南京果果食品集团豆制品加工项目，建设规模为200条豆制品加工生产线，年加工大豆3万吨、年产腐竹、豆皮等豆制品1.5万吨，2018年12月份项目一期工程可竣工投产；二是总投资3 000万元的丰乐镇秸秆综合利用暨"古城子"花菇生产加工项目，年生产菌包120万袋，2018年11月份竣工投入使用；三是总投资1 600万元的永胜农机合作社农牧产品加工基地项目，2018年10月大米、杂粮加工车间和豆油压榨车间已完工；四是总投资650万元的嘉华二手车交易市场项目，2018年10月已完成改扩建交易大厅2.5万平方米，项目已竣工；五是总投资580万元的永胜农机合作社休闲农业体验基地项目，建设300亩绿色生态采摘园和酒店办公一体化商业区，2018年10月项目已竣工；六是总投资660万元的永胜农机合作社传统黑猪养殖基地建设项目，建设规模为年存栏黑猪1 500头，2018年10月项目已竣工。

第十节　人才资源

现有城镇在岗职工23 079人。农村劳动力112 000人,其中剩余劳动力6.16万人。全县具有专业技术职称人员 4 694人,其中高级职称人员198人,中级专业技术职称人员 2 138人。职业技术学校1所、普通高级中学3所,职高毕业生280余人、普通高中毕业生15 000余人。每年还有大约300名大专院校毕业生来到集贤县求职。另外,还在大量的自学考试、党校、电大等成人教育毕业生。集贤县人才市场(人才交流服务中心)是县人事局所属办事机构。人才市场设备先进,管理完善,环境舒适。市场设有综合部、市场部、就业指导部、发展培训部、代理部等职能服务部门,为各类用人单位和人才提供全方位的服务。具体办理人才入库、人事代理、合同鉴证、保管流动人才人事档案、接纳人事关系等事宜。集贤老区热忱欢迎各类用人单位和各类人才前来择贤求职。

第十一节　红色资源

集贤有一部可歌可泣的革命斗争史,抗联文化底蕴丰厚,红色基因激励人们前赴后继,薪火相传,开发建设。

抗联七星砬子后方根据地

七星砬子又名叫七星山,位于黑龙江省双鸭山市集贤县县城西南方向35.7公里处,是完达山余脉。七座石砬,怪石嶙峋,峥嵘峭拔,其主峰海拔852.7米,为三江地区制高点。它方圆百余里，环山隐蔽林葱郁，七星凌霄崖壁立，是易守难攻的战略要地。

七星砬子主峰周围海拔400米以上的山有老黑山、大青背山、南天门山、转角楼山、大西山、烟筒砬子山、横头山。海拔300米以上有笔架山、燕蝙蝠山等。还有老道沟、黑瞎子沟、葡萄沟、大锹沟、猪圈沟、石门子沟、罗圈沟、老平岗沟、大眼沟、太阳沟、东大翁、西大翁、东庙岭、西庙岭、石灰窑（万金窑）等山沟，为东北抗日联军建设后方根据地提供了天然屏障。

1936年夏，东北抗日联军独立师，在师长祁致中的带领下到集贤、富锦一带活动，在七星砬子建立了后方根据地。独立师的密营建在老道沟，兵工厂造枪车间建在老道沟南，修械所和弹药车间建在小白砬子，被服厂建在西大翁，军政干校建在老道沟密营东南方向，后方医院建在华砬子。

独立师后方根据地建成后，东北抗日联军第三军、第五军、第六军、第八军也陆续到七星砬子建设后方根据地。六军一师的密营、被服厂、后方医院、师指挥部、哨卡建在老黑山。

三军四师的密营建在东大翁，被服厂建在老平岗。

五军二师密营建在七星砬子西南侧西大瓮东南处。建有师部指挥部，被服厂建在猪圈沟，后方医院、军政干校建在尖顶山附近。

八军一师、四师、六师密营建在东平岗西南侧。

八军三师在黑瞎子沟，建有密营和被服厂。

五军三师八团的密营建在七星峰东南方向岭东经营所西沟后堵。七星砬子抗联密营星罗棋布，是东北抗日联军最大的后方基地。

1938年3月，日本"讨伐"队在井上大佐的指挥下，对七星砬子抗联十一军、六军、五军的后方密营进行"讨伐"。各军密营受到很大的损失。牺牲32人，被俘10人，密营被烧或炸毁72座，损失步枪11支，子弹214发，马匹27匹。

近几年，县老促会多次去七星砬子寻找抗联遗址，挖掘出手枪管、子弹、机床底座、缝纫机架、铁桶、纽扣、马牙、锅、盆、斧、锯、锤、钳、钻等300多件。

2016年10月，集贤县人民政府，在七星砬子为东北抗联十一军兵工厂、六军一师被服厂遗址建立了纪念碑。

抗联独立师被服厂

1936年秋，下江特委巡视员刘忠民（1937年2月兼富锦县委书记）、六军一师政治部主任徐光海、独立师长祁致中在玻璃岗（现集贤县东荣村）成立了三人领导小组，指挥七星砬子基地建设工作。

独立师被服厂建在七星砬子老道沟的一座小山头朝阳坡，两个地窖子，地窖子即是被服车间，也是吃饭睡觉的地方，非常隐蔽。

被服厂由安邦河区委委员李长山任厂长，生产工人、技术力量和原材料由地方救国会分别提供。刘忠民通过交通员张士和到富锦找张进思（张甲洲）协办设备，张进思通过学生家长商人于明久，从哈尔滨购回三台俄式手摇缝纫机，转送到密营地。祁致中和刘忠民又派史河、阎传奎化装成商人，用伪造的信件在哈市买到六台脚踏式胜佳牌缝纫机，秘密送到被服厂。当年被服厂就为抗联部队生产出第一批统一的军装。

2015年9月，集贤县人民政府在被服厂遗址建立了纪念碑。

抗联六军一师密营

1936年抗联六军，决定以少数兵力留在汤原牵制敌人，主力部队深入敌后开辟新的抗日游击区，1937年2月，六军一师东进桦川，集贤，富锦等地，一边开辟游击区与日伪作战，一边在七星砬子，锅盔山建立抗日后方密营基地。

抗联在七星砬子的密营

抗联六军一师的密营，建在七星砬子老黑山，密营东南方向二里地处一条山沟就是安邦河区委1936年建立的被服厂，成为一师的被服厂和临时医院。

一师的密营十分隐蔽，在山梁和沟谷行走很难发现。密营的主房是一座八米乘七米的木刻楞房子，周边还有七处住人的地窨子，密营有一条五十余米长通往后山的暗道，1938年7月，著名的双山伏击战，参战的六军一师部队和六军四师部分战士就是从这个密营由一师政治部主任徐光海率领赶赴双山的。

抗联哨卡

七星砬子兵工厂、被服厂多在七星砬子北陂的西大瓮，三面环山，只有北面一条出口，出口是一条南北方向的沟趟子，沟趟子北是东西走向的大沟，东通笔架山、夹信子，西通万金窑、太平镇等地，在这个通往兵工厂必经之路的分叉口设哨卡，确保基地安全无忧。山外的物质运到这里，再由哨卡的部队运往兵工厂。

抗联后方医院

为了坚持抗战，抗联在七星砬子建立了后方医院。五军二师后方医院建在西大瓮南，独立师（十一军）后方医院建在花砬子，八军后方医院建在老平岗，六军一师后方医院建在老黑山。抗联战士们就用土方土法给伤病员治病，治伤，顽强地与伤病作斗争。

医院十分简陋。房子都是木刻楞，用檩子搭成的铺，铺上干草，伤员们在那里疗养。医院缺医少药。受了伤的战士用盐水消毒，伤寒和痢疾病，用银簪子在胳膊上扎，叫放大寒，这样就算治疗了。医院转移时，伤病员能走的走，能爬的就爬，爬不动的才用老牛驮走。医院经常在没有麻药的情况下手术，甚至因伤口严重感染则强行截肢，在异常艰苦的条件下顽强地坚持到抗日斗争的胜利。

2017年10月，集贤县人民政府建立了纪念碑。

抗联三军四师密营

赵尚志军长领导的抗联三军四师是1936年初在反"讨伐"斗争中由第四团扩编而成的。活动在密山、虎林、宝清、富锦、集贤一带，取得了一系列胜利。在富锦五区（集贤县）七星砬子，宝清锅盔山一带建立后方根据地。

三军四师密营依山而建，是木刻楞房子，向南开门。2017年10月经探查，找到了密营。密营坐落在朝东南方向的半山腰，南侧有一条较深的河谷，密营后背是树木茂密的山顶，非常隐蔽。有3个半地下的地窨子坑，每个坑宽5~8米，长10~15米，深约1米并相隔20~50米。密营后山坡有数个散兵坑，是军事用图明显的密营地。

七星砬子兵工厂

抗联十一军在七星砬子建立兵工厂，抗联战士用原木和石头垒起了数间厂房。

第一造枪车间、弹药车间和修械所设在老道沟，第二造枪车间设在小白碰子。

厂房有了，但没有机器、工具和原料。在地方党组织的协助下，在佳木斯搞到一台能用的旧机床，经过巧妙周旋，顶风冒雪送进山里。集贤镇商业救国会在东亚火磨厂又买来两台零件不全的机床。造枪需要特种钢材，师部派人侦察发现长发屯火车站有钢轨。孟连长带领几十名骑兵，星夜紧张抢运。后被敌人发现，战士们一边战斗一边搬运，在夜幕掩护下运回兵站。机床是用电作动力的，在这原始山林中电从何来？工人和战士用缴获的旧汽车的发动机带动发电机发电，在山沟里筑水坝，用水轮带动发电机发电，在深山老林中创造了人间奇迹，研制生产了"匣撸子"、直把机枪、手榴弹、迫击炮弹，为空弹壳充填火药。

1939年1月，敌人发动了大规模进犯。胡志刚、韩团长指挥工人、战士抢占山头，拼死抵抗，战斗了一天一夜，突围三次均未成功。次日清晨，敌人又发起进攻，残暴的敌人竟然施放毒气，整个山头被毒烟笼罩，坚强的共产党员胡志刚和几十名工人、护厂战士，战斗到最后一息，为中华民族的解放事业献出了宝贵的生命。

兵工厂部分工具

稻田地里的军政干校

为了培养大批抗联干部，中共下江特委决定在安区境内稻田地（今集贤县种畜场西南）开办军政干校。主办人是原富锦县委书记刘忠民同志，主要任务是为富锦、集贤、绥滨、桦川等县培养抗联军政干部。

1937年春，第一期学习班在稻田地屯尹顺喜（朝鲜族）家举办后，就搬到稻田地屯西南的三间小草房，是鲜族人在稻田地干活时临时休息的地方。非常僻静，学校就设在这里。

学校校长、教员是小孔、小田（化名），是关里人，有较高的文化。第二期学习班是1937年5月至8月，学校的三间小草房设有仓库、厨房、寝室、教室，晚间点煤油灯，记笔记用铅笔，用窗户纸订的本，正面写完再写背面。学习拼音字母时多数用木棍在地上划。

学习时间安排是早饭前军事训练，上午先学拼音字母，然后学政治。下午学军事，内容有：怎么打伏击战、阻截战、遭遇战，还有作战的基本知识等。政治内容：苏共党史、中共党史、什么叫革命，为什么要革命？抗联战士要为革命奋斗终生。同时还讲怎样纯洁队伍，怎样挖出密探、清除坏人等。学习文化主要是识字，学习注音字母，学员毕业时基本上都认识一千多字，能写简单的书信。当时学习没有现成教材，老师就亲自刻钢板，油印出来发给学员。

第二章 抗日烽火

（1931.9—1945.8）

集贤人民抗日活动示意图

第一节 日军入侵及罪行

1932年11月27日，日本江防舰队司令官小滨士善率日军入侵集贤镇，驻兵南大营，网罗汉奸豪绅，拼凑自卫团，建立伪警察署、伪保甲制、伪村公所，伪协合会的"四伪"政权。之后，又在夹信子、柳树河子、国强街基等地驻扎部队。魔爪伸向四方，铁蹄踏遍集贤，"叫嚣乎东西，隳突乎南北"，集贤人民陷入了灾难的深渊。

残忍的侵略暴行

日本侵略者似虎豹豺狼，杀光、抢光、烧光，肆无忌惮，无恶不作，实施法西斯暴行，犯下了不可饶恕的罪行。

1.血腥屠杀，残害义士。

日本侵略者铁蹄一踏上集贤，就把"围剿"抗日基地、抗日武装、抗日义士作为攻击重点，进行血腥镇压。治安村是抗联六军开辟的"红地盘"，日本侵略者视为眼中钉。1938年7月13日，日本"讨伐"队长大野带领40多个日军进剿治安村。大野一跳下汽车就大声吼叫："把人都赶到场院上来，快快的，快快的!"日本兵挨家挨户搜人，凡是能走动的，不论男女老少都赶到了场院，四面架起机枪，男女分站两行，叛徒挨个认人。救国会副会长孔庆廷首先被拉到中间，然后，日本兵又把地下党员薄福凌、交通员于洪志拉出来，先把于洪志毒打一顿。然后两个日军把薄福凌架到路边的马架房子里，先灌凉水，后用棍棒、枪通条拼命抽打，直到他昏死过去，用冷水浇醒，再施刑。大野冲着人群叽里呱啦地喊了几句，翻译装腔作势地说："指导官说，你们这全是马胡子，一会儿就砍一个给你们看看。"说完，两个日本兵把薄福凌从屋里架出来，他的肚子被灌得很大，满身满脸都是血，日军把他拉到场院中间，挥起洋刀砍下了他的头颅。然后，大野命令日本兵把洋刀递给孔庆廷，让他杀死交通部长韩世昌。翻译急忙向大野说了几句日本话，日本兵又迅速地夺回了洋刀，向韩世昌连砍两刀，也没有砍断他的脖子，韩世昌立而不倒，后边的日军上去踹了他一脚，韩世昌才扑倒在他辛勤开垦的黑土地上。强盗们又去残杀孔庆廷，孔庆廷怒目圆睁，逼视操刀的刽子手，刽子手心虚胆怯，一刀下去只是在孔庆廷的脖子上砍了个大口子，就匆匆地爬上汽车。一个日军发现孔庆廷身体动了一下，从汽车上跳下来，在孔、韩身上连刺几刀，跳上汽车，像野兽一样溜出东门。群众悲愤填膺，血泪合流，就这样，被群众尊崇的大老孔、大老薄、大老韩三位烈士饮刃喋血，惨死在日本强盗的屠刀下。

2.草菅人命，滥杀无辜。

日本侵略者为了加强对集贤的控制，1936年起实行街村制，设立街公所，下设10个村公所。还在集贤、三道岗、太平建立警察署，下设8个分驻所，实行残酷的警察统治。警察署长由中国人担任，副职兼指导官均

日军滥杀无辜

是日本人，掌握实权，监督执政。还实行"治安矫正制度"，每隔7天进行一次"防范周"活动，大肆捕捉可疑人——称为"浮浪"。凡是认为有可疑者，都要送交"矫正院"进行"思想矫正"，多数惨遭杀害。人民的言行受到限制，到处张贴"守口如瓶、莫谈国事"的告示。警察、宪兵、特务乱窜、窃听，发现谈论国事者立即逮捕，以"国事犯"处罚。佳木斯一赶车青年，夜宿柳树河子詹家大车店，与他人谈及佳木斯抓"浮浪"一事，被特务告密，这个青年被抓到警察署活活打死。柴家店的许连锋，对屯长说了几句牢骚话，被诬告为"反满抗日分子"，抓到守备队，被日军当作拼刺刀的"活人靶子"挑出五脏而死。

山区、集镇、交通要道日本侵略者监视、防范更加严密，一经发现可疑者，非杀即抓。太平的日本小队，在"望水楼"发现从东庙岭下来6个采药人，怀疑是抗联人员，立即派马队追捕，

带到日本大营，按"反满抗日分子"杀死在太平南大门。1938年中秋节，日军在太平南山搜查，发现一个老人领一个十多岁的孩子没有居民证明书，便以"通匪罪"将老人和孩子挑死在河边的大树下。

3.实行"三光"政策，强行归屯并户。

日本侵略者为割断老百姓和抗联的联系，强行"归屯并户"，把分散的农户限期归并到指定地点，逾期不并者，当即烧光、抢光、杀光。张宝丰屯有几十户人家，没有按期搬迁，被日伪军烧了70多间房屋，郭老汉因腿脚有病，不能行走，被活活烧死。瓦盆窑当时是富锦、集贤、佳木斯的必经之路，抗联经常在这一带活动。1937年，沙岗村公所给日本兵营送给养，被抗联劫走，事后日本大营下令，三天内将瓦盆窑的房子全部扒掉。三天后，日本兵一看都没动，就把人集中到烧瓦盆的泥场上，强逼一个女哑巴去泥场，因为言语不通，哑巴去找丈夫，日军以为她要去抗联报告，抓回来，当着众人将其打死，尸体架起柴火烧起来。还逼迫众人跪在四周，解开衣扣，露出胸膛，准备一个个挑死。这时，日本兵营的一个架线工是朝鲜人，会说日本话，跟日本人说：这些人都是良民，明天就搬，还谎说看见一支队伍在南山活动，怕是抗日联军。日军没顾上杀老百姓，把全屯房子点着，便急急忙忙溜回大营。百姓免遭一死，瓦盆窑一片火光，满目焦土，不复存在了。

4.征兵拉夫，残待劳工。

日本侵略者为了补充"大东亚圣战"的兵源，于1939年颁布了《国兵法》，从40年到45年在集贤强征国兵400多人，不合格的"国兵漏"有870多人，被编入"勤劳奉仕队"，强迫送往矿山、林区、军事工程地背煤、打石头、架桥、修路，从事繁重的劳役。住草棚，穿破衣，吃橡子面、豆腐渣、冻土豆，过着非人的生活，冻死、病死、饿死、打死、残废者不计其数。1941
年出劳工992人，死者和不知下落者达333人。当时流传着这样的
民谣："提起出劳工，人人脑袋疼；披星又戴月，劳役极繁重；
吃的橡子面，住的草席棚；生病无人管，带气往外扔；父母盼儿
归，梦里才相逢。"一字一泪地控诉着日本侵略者的罪行，描绘
了劳工的悲惨情景，表达人民反满抗日，盼望解放的迫切心情。

5.疯狂掠夺，盘剥百姓。

1937年公布了《主要粮谷统治法》《米谷管理法》《小麦
面粉统制法》《豆油、豆饼统制法》，规定不准中国人吃大米、
白面，如发现以"经济犯"治罪。太乐村韩举的父亲年迈有病，
糠菜难下，韩举费尽周折好不容易买了几斤大米，为父亲熬粥，
被警察发现，其父子被毒打一顿，将大米抢走。日伪统治者还强
征出荷粮，一年比一年增加，搜粮一年胜似一年。每到秋后，警
察、特务下屯封碾封磨，翻粮搜粮。仅永安乡1943年就强征出荷
粮3 000多吨。1944年水灾严重，出荷粮还增到3 200吨，最后挖
尽搜光只够一半，不管百姓死活。新利屯刘孔林家仅剩半升小
米，被警察搜去，一家五口人饿死四口。仅有30多户的东升村饿
死80多人。日伪统治时期，苛捐杂税极多，有粮谷税、交易税、
屠宰税、烟酒税、房产税、地皮税、营业税、车船税、木炭税、
人头税、山货税、契税、石税、旅税、狗税等。还有地方捐、警
学捐、客栈捐、油质捐、杂货捐、许可捐、注册捐、戏捐等30多
种捐税，逼得人民无法生活。日本"开拓团"还以"皇产官地"
为名，抢占大量土地、山林，赶走中国人，由日本人经营，许多
农民无处存身，求生无计，不得不去开拓团耪青当苦力，受尽经
济盘剥，冻死饿死甚多。

6.贩卖鸦片，毒害人民。

1933年公布了《鸦片专卖法》，鸦片由专卖局统一管理，设

立"烟管所",从名义上管制吸毒,但实质上把贩毒、吸毒合法化。当时设有"鸦片专卖所""登云楼"等大烟馆,把鸦片卖给中国劳工、国兵漏和百姓,受害多达数千人。因吸鸦片,有的典房当地,倾家荡产,有的鬻妻卖子,吸毒身亡。

7.摧残民族意识,推行奴化教育。

当时,协合会负责训练青少年,培养效忠日军的"第二代国民",灌输军国主义思想,把教学任务定位于培养专供日本殖民主义者驱使的奴才。从小学起就以日语和"国民道德"为主要课程,师生见面、课堂教学都说日语,妄图用日本文化取代中国文化。在教学内容上极力喧嚷"日满亲善,一德一心,同文同种,共存共荣"。妄图使中国青少年只知自己是"满洲人",而不知自己是中国人。

8.灭绝人性,残害同胞。

日本侵略者不仅疯狂镇压、残酷剥削中国人民,对本族同胞也实行法西斯暴行。1945年8月日本侵略者将日本移民1 600多人,不分老幼,关进东板房20多间筒子房里,门窗封死,浇上汽油,里面点燃,外面用机枪扫射和手榴弹炸,顿时血肉横飞,尸横遍野,侥幸逃出者,日本兵见一个砍一个。

残酷的日军统治

1931年9月18日,日本帝国主义侵占沈阳,随即占领东三省。1932年11月27日,日军入侵集贤镇,沦为日本侵略者统治区。从此,人民陷入水深火热之中,政治上受尽压迫,经济上遭残酷剥削,生活苦不堪言。

日军为巩固其罪恶统治,采取"以夷治夷"的办法,在当地豢养和培植一批汉奸走狗,建立基层政权机构。

1933年12月22日,伪满洲国公布伪保甲法,开始建立保甲统治制度,以镇压人民抗日活动。1934年,成立永安甲公所,设正副甲长各1人，文书1人，雇员若干人，每10户设1闾长。1939年4月，成立永安村公所，设正副村长各1人，助理1人，司计1人，下设行政、庶务、财务、民籍、劝业、动员、配给等7个系，各系有系长1人，雇员1—2人。甲、保、村皆系基层地方政权，主持地方行政工作，管理民事、户籍、抓兵、拉夫、派捐、收税、搜粮等事宜。

1932年9月1日，伪满洲国颁布警察法。富锦县警务科在集贤镇建立警察署，在永安设警察分驻所，设所长1人，警长、警士3—4人。专门控制全区的政治、经济、文化，推行日本侵略者的经济改革与法律，调查人民的思想动态，瓦解与镇压人民的反满抗日活动，限制出版、言论、集会、结社自由，搜集共产党的抗日情报。与建立甲公所同时，成立自卫团，设正副团长各1人，有团丁若干，担任维持地方治安的任务。

伪满洲国于1932年7月25日成立协和会，搞所谓"日满协和"。1933年7月15日，富锦县成立协和会，设正副会长各1人，书记1人，工作人员若干，并有常务委员若干。书记为专职人员，吃伪满政府俸禄，掌握会内实权，正副会长及常务委员由当地乡绅地主中有名望者担任。协和会的宗旨是："建国精神之发扬，民族协和之实现，国民生活之向上，宣传达情之彻底，国民动员之完成。借此实现建国之理想，而期创造道义之世界也。"

上述各个机构，表面上都有冠冕堂皇的宗旨，实际上无非是日军压迫奴役中国人民的工具。那些汉奸、官吏、警察奴颜婢膝，效忠日军，甘当鹰犬，为虎作伥，横行乡里，鱼肉人民，横征暴敛，搜脂刮膏，致使经济萧条，民不聊生，为人民所深恶痛绝。

日伪统治时期，以三光政策为核心，强制推行一系列高压政策。1938年春，为了强化治安，归屯并户。由日本人主持，以大户人家或人口较集中的屯为中心重建新屯，将散居的700多户人家，并成27个屯子，较大的上百户，一般的三四十户，小屯只有十几户。各屯都要砌起大墙，限期扒掉新建屯外地房屋，到期不拆者，放火烧之。不按要求并户者，烧之勿论。当年1月，日军横山带领20多人的马队，来到福祥屯，见管事人不在，无人修围墙，就把房子统统点着，扬长而去。屯中24间房子和2个马架，顷刻化为灰烬，七八户人家倾家荡产，流离失所。姜百发家在殿阁屯外，有8间大房，因不愿往屯里并，被强行烧掉。并户中，被烧房者有20多家，拆除房屋不计其数，人民经济损失惨重。

1939年、1941年，两次公布"劳动统制法实施细则"，强制要劳工，到处抓浮浪、抓劳工。日军统治时期，县内前后曾有209人出过劳工。其中修富锦飞机窝63人，修丰收飞机场55人，修双鸭山铁路60人，另外，去鹤岗、依兰、三道岗、笔架山等地共30多人。劳工们干的是抬头石、挖土方等重活，吃的是黄豆煮高粱、橡子面，有的没衣服穿，就在腰上围个洋灰袋子干活，有病得不到治疗，还强令出工，不少劳工不堪折磨，病死累死。还有些人，带病回来，不久身亡。

1933年春，下令不准农民种高棵作物，违者以反满抗日罪论处。人民敢怒不敢言，不得不种植矮棵作物，造成粮食大幅度减产。1938年11月，公布《米谷管理法》，翌年，公布《主要粮谷统治法》《小麦、面粉统治法》等，明令禁止中国人吃大米、白面。从1939年至1944年间，强抓强征出荷粮，出荷粮按一、二、三等地摊派，每垧分别征900斤、800斤、700斤，1940年实行粮谷配给制。由于日伪的残酷压榨，经济濒临崩溃，物资奇缺，多数日用品如盐、油、糖、烟、煤油、火柴、布匹、棉、线等均实行配给，而且为数极少，食不糊口，衣不遮体者众多。

残暴的日本侵略行径

1934年12月24日，伪满洲国发布《集团部落建设》文告，1936年，日伪当局又拟定了《治安肃正三年计划》，加紧推行"归屯并户"和集团部落建设。

1936年日本侵略者为了加强对殖民地的控制和进行血腥统治，乃废除保甲制，实行街、村制，在集贤地区建立集贤街公所和十个村公所，还在集贤、三道岗、太平三地分别建警察署8个分驻所，自上而下实行残酷的警察统治，警察特务严密监视群众的思想动向，尤其对中共地下党组织的活动更为戒惧。

日本帝国主义深知：中国东北抗日联军是植根于中国人民之中的。为了实现其"三江地区聚歼抗联"的阴谋计划，强制推行其"匪民分离"毒辣政策。归屯并户和"集团部落"是日本侵略者实行法西斯集中营的殖民统治的一种措施。其实质是把中国人民赶进集中营看起来、关起来、圈起来、管起来，也就是按殖民主义者的计划统治起来，以实现其亡我中国，灭我民族的狂妄目的。他们把集贤地区大部分山区、半山区、近山区、不安全区，制造成无人区.割断人民群众与抗日联军的联系，对抗日武装力量进行政治上围困和经济封锁。

1938年集贤地区开始实行归屯并户建部落大屯，把分散居住的农户限期归并到指定地点，逾期不并者，即实行"烧、杀、抢"三光政策，并由伪军警严加控制。当时集贤地区归并成116个村，被敌人烧毁民房1 420多栋，3 000多间，使1 000多户家破人亡。"瓦盆窑"屯（现今福利镇东岗村）就是当时日本侵略者制造的"火烧瓦盆窑屯"典型惨案之一。

"集团部落"的建筑形式，按日军规定要修筑土围墙、壕沟、土墙、城门、铁丝网，以100—200户为一部落。城墙外层使用土伐子，内层就地取土填充扎实。墙高4米左右，底宽2米多，顶宽半米，每隔3~4米设一处垛口，城墙内侧建有半米宽半米高的巡逻道。部落四甬方成，四甬都设有炮楼，并留有射击孔。城门处都设有看守所式的卡房子，住敌伪武装看守。城外的壕深一般是上宽2米、下宽半米、深2米。一个部落一般留一二个两扇黑大门。

修筑集团部落大屯子时，日伪军警和汉奸走狗全部出动，强令12岁以上的男人停止一切活动，一律都要上工地，所有的畜力都得套上车辆随人出工，人力、畜力集中全力修筑城墙，挖料、运料、砌墙、填土等道道工序相接，如果稍微怠慢，马上就要遭到皮鞭子的抽打。监工的警察、自卫团，屯甲长等汉奸走狗，个个像恶鬼。按规定运土运料的农工都得带小跑，谁不这样，就用刀背砍谁的脖子。

日伪军警一边监工修筑部落大屯，一边四外窜扰，搜山清野，见房子、窝棚就烧，见人就抓，幸运者被抓来做劳工筑城墙，不幸者就被砍头，当作他们"三江聚歼抗联"的成绩报告上级。

日伪这种坚壁清野的结果，使活着的中国人全部赶进集团部落这座大狱中来，来不及盖房子，家家户户都住进临时搭的窝棚、地窖子中。这种住处，上面漏雨，四面透风，下雨返潮，不见阳光，人们住了不久就都得了风湿病。

由于搞集团部落建设，1938年大部分农村的土地都没有种上，撂荒的地比比皆是，以致屯屯闹饥荒，户户都挨饿，人们只好刮树皮，挖野菜度命，一不小心还中毒，有些熬不过来的人，眼睁睁地含恨死去。

日伪建成"集团部落"后，把中国人民看管起来，统治起来，封锁起来，进入部落的中国人，一律都上了警察署掌管的户口簿，每一个18岁以上的中国成年人都规定照相片起良民证明书，证明书上盖着警察署和派出所的大印。证明书规定随身携带，出入部落的大门，都要出示证明书，如果忘带了证明书，就可以当作身份不明的反满抗日分子被关押或处置

每天，按规定时间出入城干活，早了城门不开，晚间如果回来晚了，就被当作"通匪"嫌疑犯看待，听候处理。近处出门需请假挂上条，出县办事出门需经警察署起证明书，都需要牌、甲、屯长的证明。谁家来客人，须立刻到当屯警察分驻所或自卫团挂条、登记，伪警经常查夜，如果查出生人投宿未挂条者，即按匪人论处。

日伪还规定，生活在部落里的居民，白天不得到远离部落的地方耕种，耕地不能超出4公里；晚上不准插门、点灯、不准串门。不准三五成群言论和集体行走。如有违纪，轻则毒打一顿，重则以"通匪"罪名关押杀害。

部落里不仅实行粮食的编制，而且日伪经常核查地亩粮产及家庭存粮，以防粮食流入抗日联军之手。一切生活物质均为"配给"，对食盐的控制更严，严密监视流通路线，御寒物资、布匹、胶鞋等都竭力防止流入抗日武装力量手中。

总之，日本帝国主义通过归屯并户，建"集团部落"等措施，妄想把抗日武装力量困死在山中。这种措施，一方面给东北人民带来空前浩劫，另一方面也使抗日联军的生存条件极度恶化。

罪恶的日伪军警宪特

集贤县成立以前，集贤县行政区域归富锦管辖，集贤镇是五区，兴隆镇是六区。集贤县北面是平原，南面邻近完达山区，是佳木斯（伪三江省会）通往富锦、宝清、饶河公路交通要道，同时，也是日伪第二道防线。"九一八"事变后，集贤抗日活动风起云涌，频繁打击日伪军和地方伪势力，日伪当

局称集贤为"匪化地带"。日伪为了巩固其统治，消灭抗联和抗日活动，向集贤地区派驻大量的武装部队，有日军"讨伐"队、日军守备队、伪警备队、伪满军、靖安军，兴安军，宪兵队、特务队等，还在各地陆续建立了警察署、警察分驻所和自卫团。1943年在集贤镇，兴隆镇和太平镇修建三处飞机场，监工是关东军四一二部队。

进驻集贤日本军队

部队名称	官长姓名	人数	驻防地	时间
日本军山本守备队	山本	100	安邦河大桥西	1938—1942年
日本军大野守备队	大野	100	兴安镇	1938—1939年
日本军小林守备队	小林	100	兴安镇	1934—1938年
日本守备队	先后有富勇、渡边、岩佐三个部队	700	太平镇南大营	1939年

进驻集贤伪满军

部队番号	官长姓名	人数	驻防地	驻防时间
混成22旅骑兵35团	费德新团刘彰新团曹殿卿团	团部36人，一、二连226人，机关枪连82人	集贤镇北大营	1934—1939年
混成22旅骑兵29团	赫奎武团	700余人	集贤镇东烧锅	1938—1939年
步兵17旅24团	李青山	不详	集贤镇东烧锅	1938—1940年
混成22旅26团	麻成团刘德溥团	不详	集贤镇北大营	1941—1942年
桦川县警察游击队		20	太平镇（今集贤县太平镇）	
独立第三旅	旅长张魁英			
独立第四旅	旅长邓云章			

续表

部队番号	官长姓名	人数	驻防地	驻防时间
混成 第二十二旅	旅长 马恩波		三江大"讨伐"	1937—1938年
混成 第二十三旅	旅长 周大鲁		三江大"讨伐"	1937—1938年
混成23旅 30团	团长 李荃芳 蒋兴域	600	短期"讨伐"	1933—1941年
混成23旅 30团4连	连长 刘兴州	70余人	集贤沙岗富桦矿	1939年
伪满 24团31团 33团34团			三江大"讨伐"	1938—1939年
官超骑兵团			三江大"讨伐"	1937—1938年
教导步兵 2团	团长 林宽一		三江大"讨伐"	1938—1939年
独立第3旅步 兵9团	团长 贾华志 钱福安 团副 赵虎臣		集贤太平镇	1939—1940年
靖安军 骑兵团	三吉	1 000余人	短期"讨伐"	1937—1939年
蒙古 兴安骑兵 支队一部	司令曹罗巴 特尔	2700	三江大"讨伐"	1938年
混成22旅 骑兵38团 4连	吴某某	不详	太平镇（升昌）	1937—1943年
混成23旅 骑兵35团 某连		120	路家街坊，今集 贤黎明公社山河 大队	1938—1939年
哈尔滨 某教导队	刘小个 团长	180	短期"讨伐"	1937年
第七军管区 第二特设队	赫奎武	不详	集贤镇、太平镇 （升昌）	1941—1945年
混成22旅骑兵 35团某连	谷正某	100	沙岗屯 (今福利镇五四 大队)	1938—1942年
贾相部队	贾相林	700	太平镇南大营	1939年

续表

部队番号	官长姓名	人数	驻防地	驻防时间
冷殿部队	冷殿	200	太平镇南大营	1941—1942年
张生部队	张生	400	兴安镇	1939年
特务机关警备队	孙亚东	100—400	驻沙岗屯和富安矿两个连	1941—1945年

伪警察署

伪满时期，富锦县公署警务科分别在集贤镇、太平镇、三道岗成立警察署。其任务是控制全区的政治、经济、文化，推行日本侵略者经济政策和法律，调查人民思想动态，瓦解与镇压反满抗日爱国人士。警察署内设：特务系、警务警备系、司法系、外勤系（后改为直辖分驻所）。

各署设有分驻机构：

集贤镇警察署设兴安、永安、腰屯、沙岗、富安、夹信子分驻所，张精神屯检问所。1942年4月，成立富安（岭东煤矿）警察分驻所。

三道岗警察署设三道岗、套河、太平（升昌）、大酱缸分驻所，小平川监视哨。

太平镇警察署设山磨、营子岗、柳树河子分驻所。

集贤镇宪兵分驻队

集贤镇宪兵分驻队，是在1941年设立，队址在集贤镇十字路东（现在邮电局），隶属于佳木斯第七宪兵团。队内设立警务、特务、司法和监狱。其任务是对当地驻军、警察的风纪和思想状况、机关的事务、配给品的分配、劳工情况、地方治安等进行监督和侦办。

集贤镇特务分室

集贤镇特务分室是1941年成立的，地址在集贤镇正大街西头路北（原裕兴东两间房）。其特务成员均是秘密活动，禁止公开身份，主要任务是防谍工作，侦察发现我党及抗日爱国活动。1945年苏联红军进驻集贤当天早晨，特务头子日本人丸山炸毁集贤飞机场。

1945年3月，在富安和富桦煤矿设立富安特务分室、富桦特务分室。

佳木斯日本宪兵队集贤特务据点

佳木斯日本宪兵队集贤特务据点，住址在集贤镇振兴油坊，秋昌火矿两处，任务是在各行业发展特务成员，侦破抓捕抗日人员和苏联情报人员。

富安矿警备队

富安矿（现岭东矿）

日军缴械投降

警备队属于佳木斯特务机关领导，队部设在富安矿，是保护煤矿安全的武装。队长是日本人，队副以下是中国人，全队50余人，后期达到200余人。

第二节　党组织在斗争中产生发展

人民群众的抗日斗争是党组织产生和发展的基础和土壤。1933年，中共汤原中心县委根据中共满洲省委的指示，派反日同盟会成员来安邦河两岸，以种植水稻为掩护，开展抗日救国的秘密活动。同年秋，李春满、李爱道、金正国等五名同志秘密组建——中共安邦河区委员会。他们深入群众，调查了解，得知宽厚甲屯（红联村）刘士发是敢于同地主势力作斗争的人，在群众中威望高。他们来到刘士发家，经过一段时间的交往、考察和培养，刘士发的思想觉悟提高很快，把他列为重点依靠对象，并将中共安邦河区委设在刘士发家，他家便成了区委的交通联络站，并秘密组织救国会和农民协会，发展党员28名，救国会会员90名，农民协会会员40名。安邦河区委向群众宣传、组织群众、武装群众，在集贤这块土地撒下了抗日的火种。1934年农历正月初三，安邦河区委得到情报，夹信子（胜利村）地主高大麻子家正在聚会，邻近村屯的地主给高大麻子拜年。区委决定以送贺礼的方式收缴地主和自卫团的武器。到高大麻子家时，恰值地主、绅士正给高大麻子拜年，屋里人很多，李春满抓住这个时机，高声宣讲抗日救国道理，列举日本帝国主义烧杀掠夺罪行，号召有钱出钱，有力出力，有枪出枪，共同抗日救国。这突如其来的行动，把全屋的人都惊呆了，有的犹豫不决，不知所措，有的伺机溜走。老奸巨猾的高大麻子命令炮手将房屋围困起来，与李春满等人展开激烈的搏斗，当场打死四个地主，李春满等三人英勇牺牲，仅金正国一人抢了一支枪，越窗逃走。这次缴枪未获成功，安邦河区失去了党的领导。

李春满

三个月后，汤原中心县委又派李忠义来集贤重建区委。根据形势变化，区委决定吸取教训，秘密发展组织，积极发动群众，积蓄力量，寻找时机，打击日本侵略者。这一年，救国会发展到120多人，并开辟了富锦德祥屯新区，发展党员4名，建立了山西支部。

1935年5月，木匠出身的地下党员任春植接替李忠义任区委书记。任春植同志来到安邦河区后，根据群众提供的情报，在抗联六军一师的配合下，缴获了夹信子自卫团、警察分所长枪40多支及其弹药，组建了安邦河第一支抗日武装游击队。为了加强抗日队伍建设，还在安邦河畔稻田地的草房里秘密办起军政学校，培养连、排干部40多名，输送到抗联和地方游击队。由于安邦河区抗日活动出色，使日伪军万分恐慌，不敢轻举妄动，龟缩在集贤镇内。

1936年秋，下江特委派姜百川任安邦河区委书记，安邦河区党的工作日渐活跃，红色区域逐步扩大，救国会、妇救会、儿童团、自卫队等抗日群众组织扩大到腰六排、国强街基一带，救国会员发展到600多名。安邦河区还从东亚火磨厂搞到了两台残缺不全的机床，帮助抗联建立七星砬子兵工厂，派共产党员张凤之、徐万林去七星砬子建被服厂、医院，支援抗日根据地。

1937年2月，在安邦河区基础上建立中共富锦县委，刘忠民为书记，下属组织有安区、集区、营区、新区四个区委。5月，下江特委派姜忠成组建下江特委分局，分局仍设在刘士发家，负责富锦、宝清、绥滨、桦川等地党的工作。这时全县党员已发展到100多名，活动中心在安邦河流域，夹信子一带为"红地盘"。

1937年卢沟桥事变，日本大举进攻，在东北的日本侵略者更加猖獗，对抗日根据地进行"大讨伐"，合并"集团部落"，实施"三光"政策，调遣大批日伪军和警察特务"进剿"地下党和抗日组织，企图消灭地下党组织和抗日武装。在急剧变化的恶劣条件下，抗日群众采取极其巧妙而隐蔽的方式，收集、传递情报，为抗联运送粮食、衣物，支援抗日队伍。也有极少数不坚定分子动摇叛变，出卖组织、出卖同志。1938年1月29日，救国会员王和叛变，带领日伪军搜捕地下党领导人，李连贵、任春植等十多人被捕。其后，叛徒姜显廷带领日伪特务到康家屯逮捕了当时的富锦县委书记刘善一。3月15日，日本侵略者又搞了"三一五"大检举、大逮捕运动，武装部长闫传奎，救国会委员王桂廷，优秀共产党员赵明久、李施远、小李子等壮烈牺牲，地下党组织遭到破坏。

"三一五"大逮捕以后，抗联六军一师政治部主任徐光海挥师松花江南岸，联络幸存的部分党员重新组建富锦县委，徐光海任书记，领导集贤人民继续开展抗日救国斗争。由于日本侵略者对抗日根据地、地下党组织实行重兵大"讨伐"，在农村强制归屯并户，地下党活动十分艰难，在低潮的形势下，党组织被迫暂缓活动。

抗战时期，地下党交通站、联络站、工作站活动不断。在太平，佳木斯党的领导人董仙桥与太平小学校长沈作山联系，在李祥屯设私塾，以教学为掩护，建地下党联络站，负责哈尔滨、佳木斯及松花江下游抗日队伍的通讯联络，给抗日队伍筹集物资。1936年，受佳木斯党组织的派遣，地下党员白云龙主持太平联络站工作。他秘密来到柳树河子一带，以村公所为掩护，宣传革命道理，瓦解敌伪政权，策动伪军哗变，建立抗日队伍。

在升昌，地下党员韩玉昌、仲兆成在国强街基秘密组建救国会，1938年夏，韩玉昌、仲兆成不幸被捕，韩玉昌被日伪警察砍死，仲兆成被关押在国强街基警察所，后被抗联六军一师救出。

在兴安，党的地下工作者王春林秘密开展活动。腰屯乡当时叫腰六排，地下党工作者孙庆云、韩大个子、大老郭来到兴久村，组织抗日救国会，建立地下党交通站，进行抗日斗争。

中共富锦县委各届组成人员名单（1937.2—1938.11）

任序	年　度	职别	姓　名	民族	别名
1	1937年2月	书记	刘忠民	汉	老蔡、老杨、赵福生、蔡大下巴
		组织部长	赵明久	汉	小魏、小郭、小田、郭有才
		宣传部长	郎清真	汉	小冯、小李
2	1937年7月	书记	王恩久	汉	刘善一、刘斗官、老门、老范
		宣传部长	郎清真	汉	小冯、小李
3	1938年11月	书记	徐光海	朝鲜	（六军一师政治部主任）

中共集贤区委组成人员名单（1937.11）

职　别	姓　名	民　族	别　名
书记	任春植	朝鲜	任木匠
组织部长	李施远	朝鲜	老韩
宣传部长	李万春	汉	老李

中共安邦河区委各届组成人员名单（1933—1938.1）

任序	年　度	职别	姓　名	民族	别名
1	1933年	书记	李春满	朝鲜族	不　详
2	1934年	书记	李忠义	朝鲜族	不　详
		委员	老梁	汉	货郎子
		委员	老杜	汉	不　详
3	1936年秋	书记	姜百川	汉	姜蘑菇
		组织部长	李忠义	朝鲜族	不　详
		宣传部长	谢有才	汉	不　详
4	1937年2月	书记	李连贵	汉	小李、老李
		组织部长	冯×山	汉	冯炮、老冯
		宣传部长	翁连长	汉	老耿、老翁

第三节　抗日联军浴血奋战

1935年以后，抗联六军、四军、五军、八军、十一军在集贤与地方武装并肩作战。抗日名将李兆麟，抗联四军军长李延禄，五军军长周保中，六军军长夏云杰、戴鸿宾，十一军军长祁致中等在集贤领导、指挥反满抗日，并建立了七星砬子抗联基地。四军二师师长李天柱、王毓峰，五军一师师长张相武，八军一师政治部主任金根牺牲在集贤的黑土地上。

抗日联军在人民群众的支持下，清匪患、端匪窝、除汉奸、灭贼寇，战功赫赫，威震敌胆。

抗联飞袭集贤镇，智缴伪军骑兵枪。1935年8月，集贤镇西门驻扎日伪军骑兵连，地下党员崔振清派人打入伪军内部，将曾当过伪军后投诚的抗联战士吕树森介绍到骑兵连，补了兵，骗取连长的信任，伺探敌情。当得知伪连长欲率部分骑兵去兴隆，抗联决定乘骑兵出发之机，缴敌人的械。在抗联手枪队的配合下，击溃敌军，缴获长枪70多支，掷弹筒二个，轻机枪二挺，日本战刀、手枪各一把，全副鞍马40多匹。

抗联军高丽屯阻击，日本兵"红地盘"丧命。1936年2月，抗联六军一师得到情报：有股日军经高丽屯（高丰村）去集贤镇，师长马德山率骑兵70余名夜宿高丽屯，堵击敌人。第二天拂晓，日军由远而近，快到高丽屯时，马师长命令打，子弹从四面八方射向日军，日军立即还击，双方对峙，喊声震天，战斗进行到东南晌时，日军丢下十五六具尸体，狼狈逃窜。这次堵击震动很大，从此，日伪军不敢到八家子以西的"红地盘"骚扰，人民群众的抗日斗争更加活跃。

李兆麟智取玻璃岗，徐光海伏击靖安军。1936年11月，抗联第六军政治部主任李兆麟同志来到集贤。一个风雪凛冽的午夜，在福利屯西山上，李兆麟主持抗联六军军政干部扩大会，听到议论，驻在玻璃岗屯（东荣村）的地主高大冤把一战士的未婚妻抢去做苦工，并扬言累死拉倒。李兆麟说：何不趁部队集中的机会，消灭高大冤。高大冤手下人数不多，但他和集贤镇日本守备队关系甚密，只要一打响，

李兆麟

日伪军就来增援。据此，李兆麟决定，现在我们战士还穿着缴获的伪军警察的黄棉衣，来个以假乱真。第三天拂晓，玻璃岗西山响起了枪声，一支身着伪军服的散乱队伍七八十人(是化装警察的抗联战士)，拖着枪向玻璃岗屯奔来。其后又有一支身穿杂色衣服的部队，紧紧追击上来。高家大院四门紧闭，炮楼、地堡人影闪动，李兆麟和化装的警察，叫开大门，一拥而进。院外追击部队与高家炮台的匪丁交了火，院内化装的警察向四处冲去，敌人的枪声哑巴了，活捉了高大冤，救出了朝鲜族姑娘，缴获了大量弹药，取得了全胜。

抗联六军一师政治部主任徐光海打了很多胜仗，双山伏击兴安军就是其中一例。1938年7月，徐光海得到被日本人吹嘘的"无敌军"——兴安军从富锦去佳木斯换防的情报后，率领200多名抗联战士，连夜急行军赶到兴安军通过的双山附近，一部分战士埋伏在公路两旁，大部分隐藏在山林里。第二天清早，兴安军缓缓而来，前头部队是20多名骑兵，耀武扬威，突然枪声骤起，敌人前头部队栽下马来，当场丧命。骄横跋扈的兴安军遭到袭击，一下子被激怒了，像野兽一样猛扑过来，刚爬到山腰，一排排子弹射向敌人，一个个敌人倒下去，抗联军边打边转移，兴

安军只听到枪声，看不到人影，被打得晕头转向，乱钻乱窜，伤亡严重，弃尸七八十具溃逃。

七星砬子建立基地，保卫战果志士捐躯。七星砬子是完达山余脉，其主峰海拔852.7米，为三江地区制高点，方圆百余里。七星砬子主峰周围有老黑山、大青背山、横头山、笔架山等，海拔400米以上的山就有十几

挖掘抗联文物

个座，老道沟、黑瞎子沟、葡萄沟、猪圈沟等十多个山沟，为东北抗日联军建设后方根据地提供了既险要又隐蔽的天然有利地形。它林深树茂，山高路险，是易守难攻的战略要地。

1936年夏，东北抗日联军独立师（抗联第十一军的前身），在师长祁致中的带领下，在七星砬子老道沟一带建立了兵工厂、被服厂、医院、军政干校及驻军密营。

五军二师在猪圈沟和尖顶山建有被服厂、医院、军政干校及师部密营。

八军一师、三师、四师、六师也在七星砬子一带建立了密营。

六军一师在老黑山建有被服厂、医院及驻军密营。

三军四师密营建在东大瓮附近。

1936年到1939年，七星砬子周围抗联各部队建有被服厂5处、医院3处、军政干校3处、兵工厂2处、驻军房屋不计其数。

仅就有关资料记载，1938年3月17日—25日，日本"讨伐"队在井上太佐的指挥下，对七星砬子我抗联十一军、六军、五军的后方密营进行"讨伐"。在敌人九天的"讨伐"中，我后方各

军密营受到很大的损失，战死32人，被敌人抓走10人，密营被烧或炸毁72座，损失步枪11支，子弹214发，马27匹。

七星砬子兵工厂不仅完成修枪械任务，而且研制出了带机头的"匣撸子"手枪、手提式自动冲锋枪，迫击炮弹，直把机枪，瓜形手榴弹等，一批批武器弹药送往抗日前线各部队。战士们用上自己兵工厂由被服厂生产出一批批衣物、行装、医院在没有任何医疗条件下，用土方土法治愈伤员重返前线，军政干部学校培养出一批批连、排级干部充实到抗联各部队。七星砬子成了东北抗日联军最早期最重要的后方根据地。1937年夏，驻守集贤镇的400多日伪军向七星砬子进犯，当敌人进入我军第一道兵站时，守卫部队与敌人展开了激烈战斗，枪炮声传到兵工厂，工人们迅速把机器拆开，进行转移和掩藏，打退敌人后，把机器安装好，再恢复生产。1938年春，近千名日伪军由叛徒带队，第二次进犯七星砬子。叶万海团长和20多名战士，为保卫抗联基地而光荣牺牲。1939年1月，敌人纠集1 000多名日伪军，第三次进犯七星砬子，敌人诡秘地从后山小道摸上来，包围了兵工厂，韩团长、地下党员胡志刚带领抗联战士奋勇抵抗，经过一天一夜的激战，子弹打光了，敌人施放了大量毒气，整个山头弥漫着滚滚的浓烟，兵工厂阵地只有3名战士因受伤提前下山作为幸存者外。胡志刚等60多名抗联战士和护厂工人全部壮烈牺牲，七星砬子抗联兵工厂遭到严重破坏。

第四节　人民群众奋起抗击

"九一八"事变后，在外敌入侵、国难当头之际，集贤人民响应党中央全民抗日的伟大号召，同仇敌忾，共赴国难，掀起了反满抗日的怒潮。罢工罢课、游行示威等抗日活动迭起。1932
年，青年教师季维滨带领师生走上街头，高唱《反日大同盟》
《拥护民主联军》《驱逐日寇出东北》等歌曲，演讲、游行、声
讨日本侵略者。抗日武装红枪会、黄枪会、大刀会、赤卫队、自
卫队、游击队、义勇军、黑枪会、白枪会、同盟会等遍及集贤。
其中以红、黄枪会最为活跃，最为著名。

　　红枪会属白莲教系，
原为农民防御土匪、反抗
暴政的自卫团体，因使用
红缨枪而得名。黄枪会则
信奉佛教，使用黄缨扎
枪。他们有浓厚的封建色
彩，在入会、集会、参加
战斗前烧香磕头，念经、
念佛，画符、烧符、吃符、带符，称有神佛保佑，刀枪不入，可
扶正压邪。

　　1932年3月，爱国志士汝有才受东北抗日救国军司令李杜的
派遣来到集贤，以组织教会为掩护，摆设香坛，组织红枪会，旨
在消灭土匪，打击日本侵略者，保卫百姓，保卫地方。提出兄弟
三人要有两人入会的征召办法，会员发展到一万多人，活动在三
江平原上。1932年冬，战斗营长郭新民率1 000多名会员，攻打悦
来镇日伪军，消灭了大部分
兵力，缴获山炮二门、钢枪
几十支、机枪三挺、子弹数
千发，充实了红枪会的武装
力量。1933年夏，红枪会首
领汝有才率600多名红枪会

员在太平大脑山附近与一营日军相遇，红枪会迎头痛击，消灭日军数十人，缴获野炮、山炮各一门，枪支弹药甚多。红枪会兴起时隔半年，又一支抗日民众武装黄枪会在兴安成立。1932年9月13日，爱国志士吴国文在兴安设大帅府，树起反满抗日大旗。军事建制为六个岑、二个枝、一个坛，下设旅、团、营、连、排，武器由黄缨枪发展到迫击炮、山炮、野炮、机枪、钢枪，是一支建制完整的抗日民众武装组织。黄枪会成立不久，吴国文率队攻打夹信子信团满军，收降70多人，缴获钢枪、野炮、轻重机枪等武器。1934年，红、黄枪会发展到3万多人，两会联合，决定发动战役。第一仗打佳木斯，第二仗打哈尔滨，第三仗打伪满洲国都新京(长春)，并部署红枪会攻打佳木斯南部，黄枪会攻打佳木斯东部，里应外合拿下佳木斯。出发后，黄枪会先头部队与一股日伪军交战，旗开得胜，将敌人全部缴械。吴国文命令大队人马在马忠显大桥附近宿营，日军得知后，连夜开到马忠显大桥，用重火力偷袭黄枪会大营。吴国文身先士卒，手持大刀、短枪，与日军血战，因寡不敌众，加之红、黄枪会思想不尽统一，发生矛盾，吴大帅战地牺牲。在这次抗日救国的会战中，红、黄枪会牺牲1 900多人，遭到了红、黄枪会成立以来最沉重的打击，组织遭到破坏，很多会员投奔抗日联军。

红、黄枪会攻打佳木斯失利后，一些爱国将领仍然坚持反满抗日活动。红枪会将领鲁祥、纪振刚等联合黄枪会营长王福盛、白参谋及黑枪会、白枪会等抗日武装，重新组织2 000多人，再次攻打集贤镇伪军，痛击效忠日军的汉奸费得新为团长的伪军35团，使其全部溃散。日本编辑的《富锦县一般情况》一书记载："康德元年五月间，匪首鲁祥盘踞五区境内，势甚猖獗，良民被匪煽惑及胁迫而误入歧途者甚多，匪害之甚遍及全区，商民损失颇巨……"这从反面说明鲁祥领导的抗日活动给日本侵略者的严重打击。

1945年8月15日，日本裕仁天皇宣布无条件投降。这是中华民族一个世纪屈辱史的终结，是中华文明由低谷走向复兴的转折点，是一个属于世界、更属于中国的胜利纪念日。9月2日，在日本东京湾美国"密苏里"号战列舰上，日本外相重光蔡、陆军参谋长梅津美治郎在投降书上签字。9月3日定为抗日战争胜利纪念日。9月9日，在南京国民党中央军校礼堂举行受降仪式，臭名昭著的日本侵华军总司令冈村宁次受降签字。至此，围困在解放区的128万日军正式缴械，抗日战争以中国人民胜利，日本帝国主义失败而告终，第二次世界大战就此结束。

日本帝国主义侵犯中国，造成的人员伤亡、财产损失永远罪责难逃，罄竹难书。

第五节　战例七则

1. "皇军"光临"何大院"，抗联智缴地主枪。

1935年正是集贤地区群众性抗日运动高涨的时期，中共地方党组织也有所发展，亟待武装起来。中共安邦河区委请示汤原中心县委，派人协助建立人民武装。戴鸿宾、徐光海等带领20余人到安邦河东岸，缴地主何梦麟枪支，建立安邦河区游击队。

何梦麟是集贤一带有名的大地主，他的家号称"何大院"，地有千垧，骡马成群，有马车20多辆，还有2台汽车在佳木斯常年"拉脚"。日军入侵后，他当了汉奸，其子被委任为佳木斯"国际车房"经理，其家养很多枪支用以看家护院。

缴何家的武器，既能得到群众拥护，又能扩大抗日斗争的影响，这个决定非常正确。8月，当遍地青纱帐起时，戴鸿宾、徐光海率队行动了。一天，戴鸿宾装扮成警察署长，徐光海装扮成日本指导官，裴景田装扮成翻译官，其余人都化装成警察。徐光海、裴景田是鲜族人，准备到时候说朝鲜话唬何梦麟。化装后又演习一番，然后沿公路大摇大摆地向何梦麟家走去。

何梦麟听说"皇军"来到，赶忙出迎，点头哈腰，恭恭敬敬地往屋里请。把"皇军"和翻译官请到上房东屋——炕上铺着崭新的毛毯、被褥，油漆八仙桌摆上景德镇金边茶具，还让他小女儿何老丫给装烟倒茶。把"警察署长"请到上房西屋，招待差了一等，炕上铺的是旧被褥，黑桌上摆着白瓷茶具。把"警察们"都请到通长大炕的堂筒房里，招待就更差一等。何梦麟吩咐儿媳妇给炒菜做饭，自己陪着"指导官"，"皇军"长、"皇军"短地献着殷勤。徐光海摆出"皇军"的派头，很少搭腔，以防露出破绽。

戴鸿宾在屋里喝了几口水后，非常担心有人会露出马脚，就走到大屋里去看大家，见每个人都镇静自若，心里更踏实了。他一边暗示大家，要沉住气，不要慌，一边大大方方地回到原来房屋。

这时，何梦麟的三儿子回来了。只见他背着一支匣枪，唱咧咧地走进大门。一瞧有警察，没敢进上房，转身进了东下屋煮猪食的房子里。戴鸿宾心想，大地主的阔少爷进院后不进上房，先进破烂不堪的东下屋，这是什么缘故呢？这时，何梦麟的三儿子从东下屋出来，身上的枪没了。这下戴鸿宾明白了，准是这家伙的枪没有照，就决定以此为因由，打开局面，向何要枪。

不一会儿，何梦麟招待大家吃过饭后，戴鸿宾走到东下屋，从灶火膛里扒出何老三藏的匣枪，提到东上屋，用双手托着，恭恭敬敬地说："报告皇军，这个枪的没有照，他家窝藏私枪，拒命不缴，请'皇军'处治！"何梦麟根本分不清什么是日本话，什么是朝鲜话,立刻吓慌了神。戴鸿宾说着向徐光海使个眼色。徐会意,立即又冲何梦麟说起朝鲜话,裴景田就伪装翻译质问何梦麟:"枪有照吗?"何梦麟忙不迭地回答:"有哇,有哇,皇军别误会……"徐光海又说了几句朝鲜话,"翻译"说:"把枪照都拿来,皇军要检查!"

戴鸿宾派个"警察"帮何老三把挂在墙上的枪都取来,何梦麟忙着在箱子里找枪照。戴鸿宾早就知道他家有四五十支枪,一见何家只拿出二十多支,便说:"报告皇军,何梦麟枪支大大的有。"裴景田翻译着:"何梦麟,你家的枪要都拿出来,如有隐瞒,按通匪论罪。来人,搜查!"接着,徐光海说着半通不通的中国话:"何梦麟,你的枪支的窝藏,与马胡子的通气,你的要老实的,枪的统统的拿出来验照的。"何梦麟一听更慌了手脚,连忙吩咐三儿子,又拿出十几支枪,点头哈腰学着日本人的腔调:"我的,皇军的良民,通匪的不敢。"并转向裴"翻译"说:"求你说个情。"说着给何老丫使个眼色,"你妹妹在这儿,吓着咋办?"何老丫闻听此言立即扭着腰肢赶过来,给"翻译官"倒茶,一双媚眼不住地向"翻译官"传情,嘴里说着甜言蜜语。

戴鸿宾验完枪照说:"报告皇军,这些枪大都没有起照。"徐"指导官"大怒,马上对着何梦麟大喝道:"巴嘎牙路!你的,皇军命令的大大违抗,良心的大大的坏了坏了的!"

何梦麟一听,简直吓傻,双腿一软,"嘣"的一声跪在"翻译官"裴景田面前说:"富锦县谁不知道我何梦麟是皇军的顺民,出粮、出马、出钱,我老何家是头份,我一向给皇军效劳,哪敢抗命。枪照实在都有,求翻译官向皇军好言通禀通禀。"何老丫也赶忙跪下浪声浪气地说:"求翻译官大人向皇军说说情,妹妹保准亏不了您哪!"裴"翻译官"板着面孔说:"你们都起来吧，马上准备两匹马，事情好说。"

何梦麟吩咐三儿子备上三匹好马，大家把四十多支枪都绑在马背上，"指导官"通过"翻译官"对何梦麟说："皇军念你忠心，不予处罪，枪支统统拿到集贤镇重新起照，明天去取。"

天色将晚，大家拉着马驮着枪走了。先向东朝集贤镇方向走了几里，又拐过来往南去。何梦麟第二天到集贤镇一打听，根本没人去验照，这才知道上当啦——让游击队缴枪了！

抗联拿到这40多支枪后，帮助安邦河区建立起一支五六十人的游击队，在当地打击敌人，配合地方组织开展抗日斗争。

2.收"礼品"自卫团长毙命，缴敌枪抗日志士牺牲。

1937年正月里，安邦河西的夹信子（现胜利村）自卫团局所（即团部）的官兵们，整天摆宴席、设赌场，吃喝玩乐。为了助兴，还经常把局所周围十里八村的绅士们请来耍钱。正月十九这天，自卫团长李海因事外出，王副团长正跟绅士们在局所的筒子房炕上推"牌九"。筒子房的另一头，团丁们也正三五成群地赌博，枪都挂在墙上。这时附近村子来了七八名给局所送礼的人，每人手里都提着酒肉、糕点等礼品。岗哨报过，王副团长命令放进来。王副团长见来人带的礼品甚丰，十分满意，立即吩咐下人，设宴款待。摆好酒席后，王副团长和请来的绅士们一边上炕入席，一边招呼送礼的人就座，哪知道送礼的人突然掏出身藏的短枪，对准王副团长等人"叭""叭"就是几枪。王副团长和笔架山的葛凤翱、集贤的赵老秧子、夹信子的潘神仙等被请来赌博的绅士们及七八个团丁还没弄清楚是咋回事，即被击毙。原来这些送礼的是地下党派来的朝鲜族抗日群众，为了武装抗日队伍，专门乔装打扮来缴自卫团枪支的。但他们战斗经验不足，只顾打炕上的头头，而没镇住全局，使团丁里的一个叫高大麻子（高大冤的儿子）的"炮手"得手操枪还击，进来的抗日群众除一人撤出外，其余的都当场牺牲。

此次缴枪虽未成功，但打击了日本侵略者及其爪牙们的嚣张气焰。事后，伪满洲国地方政权立即在夹信子设立了警察署，驻扎20多名警察，50多名日军，100多名伪军。在村子周围还筑起围墙，日夜防范，如临大敌。次年又在安邦河西岸的福利南大桥头驻扎了一支日本守备队，再也不敢小觑抗日军民。

3.抗联战士救战友，夜端太平警察窝。

1938年前后，太平（现升昌镇）一带是抗联六军一师秘密活动的地区。日军为了加强统治，镇压抗日武装力量，在太平国强街基设立警察分驻所，驻警察30多人，有枪30余支。这个警察窝由日本人小原茂当警长。从此以后，日伪警察就加紧搜捕抗联战士和镇压革命群众，干了不少坏事。

1938年夏，中共地下党员韩玉昌、仲照成不幸被捕。韩玉昌被砍死，仲照成被关押在太平警察分驻所内。抗联六军一师三团为了营救仲照成，于6月27日夜间，派50多名战士，化装成日伪军模样，摸进警察分驻所。他们先把大门上的两个岗哨缴了械，然后冲进屋里，用枪对准毫无戒备的警察，大喊："不准动！谁敢动就要你的狗命！"一个警察刚要抓枪，就被抗联战士开枪打断了腿，其他警察只得乖乖地举起双手。这样，伪警察全部被缴械。共缴获大枪30余支，小枪6支，轻机枪1挺，子弹数百发。除警长小原茂及五名顽固分子被处死外，其余20多名伪警察经教育后释放，并将太平警察分驻所烧毁。英勇的抗联战士不但救了战友，还拔掉了这一罪恶的敌伪据点，老百姓无不拍手称快。

4.留守处的战斗。

1938年春天，为了打破日军在三江地区对抗联的围歼计划，开辟新的抗日游击区，中共吉东省委决定抗联二路军的主力向西南远征。西征前夕，抗联四军司令部决定在双鸭山的大叶沟（当时属宝清县）建立下江留守处（也称富宝留守处），处理四军在富锦、宝清后方未尽事宜，坚持开展敌后斗争。

1938年4月下旬，抗联四军军长李延平和副军长王光宇率领警卫连去宝清县兰棒山第二路军总指挥部，总指挥周保中向他们交代了西征的任务。周保中说："第三路军已决定分批向小兴安岭西麓远征，第二路军决定以第四军和第五军的主要力量共同组成远征队，以五常县和舒兰县为目的地。从宝清到勃利再到刁翎，这一段路多是游击区，还是比较容易打破敌人的层层封锁的，但是从刁翎再往西走，要翻过张广才岭，将会是一段极为艰苦的行军，那里山高林密、人烟稀少，还有些是原始森林地带。由于地理不熟，又不容易取得人民群众的支持，粮食补给困难。再加上日伪军的堵击拦截，可能要付出重大代价才能实现西征计划。"

李延平和王光宇从兰棒山回来后，传达了总指挥部关于西征的指示，宣布了参加西征的是第一师的第一团、第二团，第二师的第四团和第六团，同时又宣布要留下一个连的兵力在下江，成立下江留守处，主任由第四团的政委彭施鲁同志担任，并把第四团三连留下来一起完成建立留守处任务。

第三连是第四团中比较好的一连，连长王庆云和指导员曹曙焰原来都是军部警卫连的班长、共产党员，有着较深的战斗友谊。大部队走后，留守处直接接受周保中总指挥的领导，主要任务是筹粮筹款，购置棉花、布匹，准备自制军衣。

送走了西征的队伍，立即着手选择地点修建新密营。夏季的山林里，隐蔽条件是较好的，在大叶沟外面葫芦头沟盖起了3所房子，把伤员安置下来。此外，还有远征的部队留下来的几个人质，他们都是反动地主、与日本侵略者有勾结的人，为他们修了一个拘留所。这样，在密营里经常留下的人员不过十五六人，其余的还有三十来个人在山边活动，开始征粮和购买布匹等工作。葫芦头沟距离山边的居民地只有50里路。

这时，日本人的归屯并户计划正在加紧进行。山边的居民基本上被迁走，房子拆除或是被烧毁，但是在这些废墟中还有些人不肯离开，想继续在这里把自己原来的耕地种上。再往山外走十来里路就是一些较大的屯子。当时，兴隆镇（现友谊县红兴隆）是富锦县的第六区，集贤镇是富锦的第五区，这两个地方都有伪军一个营以上的兵力驻守。这两个镇的中间有国强街基，即现在的升昌镇，也驻守着伪警察和自卫队。

在这样的封锁下，征粮和购买布匹、棉花是相当难的。只得利用夜晚进入某些没有自卫力量的屯子，找到百家长后立即就地征粮，这样利用午夜前后两三个小时的时间就可以办完。好在当时有骑兵，马身上可以带粮食，而且天不亮就可以返回山里。当然，这样做也不是每次都能如愿，也曾有两次险遇埋伏和包围。至于购买布匹、棉花、胶鞋等物品，则是通过一个姓侯的商人给办的。这位侯老板就是第四军的好友，经常跑到兴隆镇和集贤镇，有时还跑到附近县买布匹和棉花。第四军主力西征之后，在国强街基南边的一个小屯子又找到了他，他经常住在这个屯子的一个亲戚家。这个屯子只有不到20户人家，也是准备拆迁的。抗联派人夜间来和他接头，他每次只能带出一匹白布或四五双胶鞋，就是这样积少成多。棉花也是这样陆续买来的。白布买来之后，把它染成黄布，准备做军衣用，染料是山上的黄菠萝树皮，很容易找到。

　　布匹和棉花准备好之后，就着手制作棉衣。正好第五军的妇女队有十几个人在我们留守处住了20多天，妇女队长王玉环同志爽快地把缝棉衣的事揽了下来，解决了一桩大事。

　　留守处面对着敌人的一条严密封锁线。在西面的集贤镇，驻着伪军38团，在北面的国强街基，驻着四五十名伪警察和三十多人的伪自卫团。这两伙人，在伪自卫队潘孝堂的影响下，和抗日军打起仗来非常凶狠。在东面的兴隆镇驻有伪军三十团的一个营。国强街基，西距集贤、东距兴隆都不过30里。经常夜间到这几个点的空隙地带征粮和筹划购置布匹棉花等。而在许多屯子里都有敌人设置的暗探通风报信，稍有大意就会被敌人吃掉。

　　遭到敌人的第一次袭击，是在1938年7月间。葫芦头的密营里关押的人质中有一个叫郑耀武的，原是国强街基西北面十几里地方腰屯的一家地主兼百家长。向他索要5 000元赎金，他一再讨价还价，说拿不出这笔钱。他答应先交5 000斤粮食，折价作款，其余陆续交付。当时腰屯的并屯计划还没有完成，郑耀武的家依然是独门独户的四合院，用树桩围起的院墙，从外面可以看到院里，到达腰屯时队伍暂时停留在一个树林里，由曹曙焰指导员带领5名尖兵先到前面探听情况。到达郑耀武家门口时，见大门敞开着，没有灯光，院里也没有人活动。尖兵莫名其妙，就喊了一声："里边有人吗？"不见有人答话。与此同时，战士刑和清晰听到了院内有人推机枪的声音，他立即说："不好！有埋伏！"曹曙焰随即说了一声："赶快走！"马上勒马向后转。他们到了小树林时，曹曙焰说："快撤！有埋伏！"就在这时，敌人的枪声突然响了，两架机枪同时射击。由于天色漆黑，敌人只能盲目地射击，战士都安全地撤离了。

　　第二次遭袭是在1938年8月，地点在刘铁嘴子。刘铁嘴子是个地主的外号，也是那个屯子的名称，属兴隆镇管，在兴隆镇和国强街基的中间，全屯有四五十户人家，也是归屯并户尚未完成的屯子，尚未修围墙，未设自卫队，四周没有山。这一次又是在晚上10点钟左右，到了他家，他们照样迎接。他的院子很大，有土围墙，四周还有炮台，炮台上放上岗哨，还是不容易遭到突然袭击。计划在这里待上三四个钟头，于下半夜2时左右离开，这样在天亮之前就可以回到山上。这家主人有50多岁，留着八字胡，谈话时表示了对抗日联军的敬佩，也谈了他的苦衷，一年打得粮食不够给日本人的，收一点稻子，自己吃不上一顿大米饭，全得交给日本人，说中国人吃大米就是经济犯罪，并说他若年轻十岁的话也会当抗日军的。

谈话之际，忽然岗哨报告：邻村的狗叫得厉害，还有马车的声音。连长王庆云说："半夜间走马车不会是老百姓，肯定是敌人出动了。"曹指导员判断："这里离兴隆镇不到20里路，如果敌人得知，急行军一个多钟头就会到达，国强街基方向还会更快些。"正在这时，在炮台上执勤的战士发现东西不远有三五个人影在跑动，就向人影走动处打了一枪。"有敌情！"告知王连长立即命令战士们占领4个炮台。几分钟之后，左前方和右前方的敌人机关枪同时向大院射击，战士们立刻还击。打了一阵之后，王连长说："被敌人包围了！得想办法冲出去。"敌人用火力封锁了大门却没敢贸然接近大门，敌人的火力并没有杀伤效果，他们不敢轻易冲向院里。这样互相射击了半个多小时之后，王连长说："看来敌人都在前面，应该从后面撤走。"后面的土墙不过八尺来高。方班长爬到墙头上向外看一下说："后面是高粱地，从这里撤吧！"于班长说："人好撤，马匹出不去怎么办？"王连长说："先撤人，同时把马缰绳都解开，系在马脖子上，之后把大门打开，轰着马向大门外冲，有些马可能会自己跑回山里。"战士郑东保说："好！让我干这件事。"接着，他把马

——解开了缰绳，并把它绕在马脖子上，自己选了两匹最好的马备用。在前面两个炮台上的4名战士不断向敌人射击，用以掩护郑东保。一切准备停当后，迅速把大门打开，把马轰出大门外。马立即向四面八方跑去，敌人的机关枪追踪着马匹射击。趁着这个时机，郑东保骑着一匹马并且手中拉着一匹马冲出大门，顺着原路先向西跑了一阵，尔后就转向南山奔跑。等敌人发现之后转移火力向他射击时，所有人员都已安全地越过后面大墙，顺着高粱地向北撤退了。王连长指挥大家放慢脚步，清查一下人数，除了郑东保之外，其他人都来到了。王连长带着队伍顺着高粱地绕道奔向南山。当到了南山安全地带时，天已经快要亮了，大家疲劳的很，放上岗哨，躺在草地上睡了2个小时。司务长7点钟给大家做好了饭，把大家叫醒，吃完饭后，决定回葫芦头沟密营。等到10点钟到达密营时，发现郑东保已经先回来了，带回的两匹马也完好无损，但其余的马都没有回来。

遭到了第三次袭击是敌人在宝清、富锦两县整个"讨伐"行动的一部分。敌人的目标是要摧毁从兰棒山、锅盔山到大叶沟一带所有的抗日联军密营，大部队离开了这一地区之后，日伪军经过了5个多月的时间，大体上弄清了这些密营的位置，于是开始大"讨伐"。由于事先从山下群众那里得知敌人要进山的消息，决定放弃密营，转移到另一个地方隐蔽以下。离开时将能带的东西都带走了，带不走的东西在附近掩埋起来。转移的地方离原来的密营只有10里远，但是周围没有路。没有在外面留下足迹，林密草深，敌人无法找到去向。离开的第二天，敌人就袭击了密营。又过了一天，派人去密营侦察，知道敌人除烧了房子外，还在周围普遍搜索了，藏在附近的一口大铁锅也被砸碎了。

敌人的几次袭击对战士们的心理上影响很大。一支武装队伍不能经常以对敌斗争的胜利来鼓舞士气，而在生活保障方面又无法得到充分的供应，同时来自兄弟抗日队伍的消息又多半是模糊不清而且暗淡的。这些都对如何使这支较小的抗日队伍巩固下去，提出了一个重要课题。

5.抗联独立师战斗在集贤。

东北抗日联军独立师是东北抗日联军第十一军的前身，是中国共产党领导下的一支抗日统战部队。

1933年6月，祁宝堂（祁致中）领导桦南驼腰子金矿工人暴动起义，组织了"东北山林义勇军"亦称明山队。1935年9月1日，根据中共珠河中心县委决议，抗联第三军扩编，将明山队改编为三军下辖"延方游击团"，同年10月又改为"五双游击团"。1936年5月20日中共勃利县委特派团县委书记富振声到"五双游击团"工作，把团改编为"东北抗联独立师"，祁致中任师长，富振声任政治部主任。独立师下设三个旅，全师发展到八百余人。其早期活动在桦川、依东。从1936年开始同抗联第四军、第六军合作，为开辟富锦、集贤、宝清抗日游击区，特别是创办以七星砬子兵工厂为中心的后方基地建设上做出了卓著的贡献。祁致中通过地方党组织和抗日救国会，为修械所购买了四台机床和各种工具，并派出队伍破坏敌人铁路，夺取钢轨，用做造枪的原料。这个修械所规模较大，工人们以高度的智慧和大无畏的革命精神，战胜了各种困难，制造出手枪，冲锋枪，机枪，手榴弹等多种武器，装备了部队，加强了战斗力。后来，改为下江联军修械所，不久又扩建为抗日联军七星砬子兵工厂，为支援抗联各军起到了很大作用。在七星砬子山里还建立了军政干部学校和被服厂，后方医院。学校培养排，连级干部，每期两三个月。被服厂有六七台缝纫机，七八个人给部队做衣服。这里不仅是独立师的后方，也成了东北抗日联军三、四、五、六、八各军的后方根据地。

为了保护后方根据地，祁致中把一旅留在依兰、桦川地带活动，让二、三旅开赴宝清、富锦一带开辟新的游击区。在此期间，祁致中带领师部直属队120余人也深入到富锦地区活动。他们连战连捷，首先缴了斗沟子伪自卫团的械，得枪五十多支。接着又攻下柳家大林子警察署，解除了四十多名伪警察的武装。

1937年2月11日，三旅长姜宝林率部130余人持轻机枪二挺，于集贤袭击了哈达密河自卫团，解除伪团长以下14人的武装。12日又袭击了安邦河农场，俘虏张农务长以下13人。3月19日晨，独立师三旅长姜宝林与政治部主任周庶泛，率领150余人，在集贤腰屯，突遇伪军"讨伐"队，交战三个小时，给伪军以很大打击。但姜宝林和周庶泛均受伤。

4月中旬，祁致中率领本部与在集贤柳树河子一带活动的三旅会合，人数达到300多，都是骑兵。于1937年4月19日，祁致中率部300多骑兵在悦来镇南30华里处的拉拉街与驻屯的日伪军展开了激烈的战斗，战斗长达6小时，给敌人重创后，迅速撤离。

1937年4月20日深夜，在富锦地区活动赶回来的二旅与祁致中会师，组成500余人的骑兵队伍，趁夜向北移动，进攻悦来镇。悦来镇地处佳木斯市东北80华里，是从佳木斯去富锦的交通要塞，镇上驻有伪军26团，还有60名警察，30名自卫团，独立师部队战士们勇猛作战，冲入悦来镇给敌人以严重威胁。

由于佳木斯日军出动支援，独立师向太平镇方向撤走。此次战斗对佳木斯威胁很大，为此，日军从佳木斯派出重兵，协同伪军于4月23日午后在柳树河子东边的安邦河大林子追上独立师部队。敌人有飞机配合，并出动了3辆坦克，但因处在山地，均未起作用。独立师击毁敌人一辆坦克后撤出战斗。5日，独立师和四军、六军一师联合攻打了国强街基（现集贤县升昌镇）。

全国抗战爆发后，为了配合全国抗战，独立师积极开展游击活动。9月9日，祁致中率领独立师300余人，袭击了集贤国强街基（现集贤县升昌镇）。驻守在集贤镇的日军闻讯赶来支援。独立师佯装败走，躲进在高粱地里，支援的日军扑空后回撤时，独立师突然再次出现，予敌以重大打击。10月2日，三旅旅长姜宝林率领部下200人，在集贤国强街基（现集贤县升昌镇）北索拉岗高地，与三江省日军松井部队之元泉骑兵"讨伐"队战斗，遭受较大损失，三旅旅长姜宝林负伤。

1937年6月间，北满临时省委代表，北满联军总政治部主任李兆麟同志来到独立师，亲自帮助祁致中解决了许多重大问题，进一部加强了独立师的政治工作，使队伍更加巩固，战斗力也更强了。

1937年10月，按照北满联军总司令部的指令，在总政治部主任张寿篯（李兆麟）的帮助下，在富锦县二区将独立师正式改编成东北抗日联军第十一军。全军1 500余人，祁致中任军长，金正国任政治部主任。

1937年11月，日军开始"冬季大讨伐"日军特设桥场游击队与宪兵一起，对集贤七星砬子十一军根据地密营发动进攻。我密营遭受严重破坏。十一军一师二旅在集贤镇东部活动时，一天夜间，在律甲长屯与日伪军200余人遭遇。双方激战一个小时，虽然给予敌人大量杀伤，但我方也受到重大损失。二旅旅长胡文权英勇牺牲。

1938年6月上旬，日伪又以2 000多兵力，向七星砬子抗联各军密营发动第二次大规模进攻。在战斗中一旅伤亡15人。二旅一个连被敌人堵在密营房子里，据守不降，全部壮烈牺牲。十一军在七星砬子的后方基地遭到严重破坏。

此后，十一军各部在集贤东部的附近花马，新城等地多次与敌作战，沉重打击了敌人，缴获大量枪支弹药。

1938年秋，大量的敌人云集在三江地区，在敌人的疯狂"讨伐"下，十一军各部损失严重，特别是归屯并户后，部队活动十分困难。个别负责干部曾发生动摇，出现消极情绪，为了整顿十一军部队，10月间，北满联军总政治部主任张寿篯（李兆麟），再次深入到十一军，整顿部队，帮助师长李景荫树立信心，按照北满临时省委的决定，1938年12月1日，张寿篯和李景荫带领十一军一师师部、一旅等部队，开始西征。十一军其他残余部队，由一师政治部主任张兴德、崔振寰、姜宝林等负责，坚持在富锦、集贤和桦川活动。

1939年2月，敌人得知十一军大部队西征后，由叛徒带路，袭击了七星砬子兵工厂，兵工厂守卫部队和工人在韩忠礼团长和厂长胡志刚的指导下，与敌展开英勇的战斗，残暴的敌人最后竟施放了毒气，共产党员胡志刚等60余位工人、战士为保卫兵工厂，壮烈牺牲。

6月中旬，留在下江坚持活动的十一军三旅，在富锦南部一次战斗中，三旅长姜宝林英勇牺牲。一师政治部主任张兴德在江北与敌战斗中负伤，去苏联疗好伤后，在返回的途中，于萝北肇兴镇与敌遭遇，壮烈牺牲。1940年1月2日，在集贤七星砬子坚持斗争的十一军经济部主任崔振寰，带领27名军政干部学校学员，计划从萝北过松花江去

苏联找祁致中军长，他们却在梧桐河上游遭到佳木斯日军300骑兵的包围，经过一天的激战，除何忠全一人负重伤被俘外，崔振寰主任和其余26名学员全部壮烈牺牲。三旅仅剩参谋长单洪福等8人，他们依然在桦川、集贤等地坚持对敌斗争，1940年春，在集贤太平镇南万金窑被敌人包围，激战后，全部牺牲。

抗联独立师，在中国共产党的领导下，为了中华民族的独立与解放，前仆后继，英勇奋战，做出了很大贡献。

6.奇袭日本特务机关。

1937年夏的一天，根据内线提供的情况，中共安邦河区委游击队三十几人去富锦县端日兵总部文野治郎（特务机关长）的老窝。抗联战士听到这个消息后，个个摩拳擦掌，出发前组织上再三研究这次行动的方案最后决定让游击队员们化装成卖西瓜的农民，把手枪和匕首藏在大个西瓜里，然后放在中间一辆马车的最下层，混进城后，再按计划行动。

西瓜车到了富锦县城西门岗楼前，游击队员史河和严传奎凭以往的经验，偷偷地送给把门的伪军每人两块大洋和一些西瓜，这样就顺利地进入了城内。游击连连长刘济才，刘臣也跟着藏枪支、匕首的西瓜车进了城。

进城后，队员们找了个非常热闹的街面，利用卖西瓜做掩护，先抓到了广野治郎翻译官邓力顺。经审讯。邓力顺的口供和内线提供的情况基本一致。这样，游击队员们按原部署分头行动。刘士发和严传奎潜入日本兵营的马棚槽头炸马；刘臣等几名队员去炸火药库；刘济才和几名随从人员去抓特务队长梁仁；史河和吕庆芳去捉广野治郎。

天黑后，刘士发和严传奎沿小巷找到了日本兵营，发现有两名伪军战岗，就轻手轻脚地接近了这两个伪军，并立即堵上他们的嘴。随后，刘士发和严传奎把几捆手榴弹放在四周的马厩上，把导火索拴在了二道门的门槛上，前后不到十分钟就安排妥当。当要离去时，回过身来对两个伪军说："放你们回家吧，我们都是中国人，以后不要为日本人卖命了。"两个伪兵因出身贫困又受够了给日本人当差的苦，执意要参加抗联队伍，于是刘士发和严传奎在新归降的两名伪军的掩护下向城门走去。

刘臣和几名队员化装成日本兵，坐上了伪军翻译官邓力顺从日本司令部借来的摩托车，畅行无阻地来到了炸药库，绕到了事先侦察好的墙角的流水洞前，把早已准备好的耗子从笼里拿出来，点燃尾巴上用油浸湿的绳子，将耗子放进通往炸药库的洞中。同时，在其他几个通风孔也都放进了点燃尾巴的耗子，这一切办理完毕后，刘臣等迅速坐着摩托车离开炸药库，冲出了城门。

再说刘济才带几名队员悄悄地摸到了特务队长梁仁办公的地方，进屋后经搜索梁不在，刘济才马上带领队员奔向牢房，命令看守打开牢门，放出了所有的"犯人"，然后把几个看守锁在牢里。游击队员们拿起缴械来的枪支，马上撤了出来。

晚十点左右，史河、吕庆芳被伪军翻译官邓力顺以老同事的名义安排在纪念广野治郎进驻富绵五周年的宴会厅的适当的位置就座。史河注意观察场内的一切动向，忽然发现梁仁走了进来，心里不觉一惊，心想："刘队长那里准是扑了个空，我这里又多来了一条恶狗。"这时，只听外面"轰"的一声巨响，宴会厅顿时大乱，广野治郎凭着他的经验，料到了事情严重性，立即往门口冲去。吕庆芳对准广野治郎就是一梭子弹，但因开枪时被人群挤了一下，子弹打在广野治郎的左臂上。与此同时，史河迅速关了电灯，就在灯熄的一瞬间，被特务队长梁仁发现并开了一枪，子弹却击中了邓力顺。梁仁大喊："抓住他，不要让抗联跑了。"这一喊不要紧，人群就更乱了，日军不知道来了多少抗联队员，趁混乱之机，史河、吕庆芳随着人群冲出门，跑到街上，跳上刘士发、严传奎接应他们的马车，顺利地脱险了。

游击队员听着火药库如雷的爆炸声，望着日本兵营的冲天大火，饱含着胜利的喜悦，顺利地返回了安邦河区抗联根据地——红联村。

7.血战胡家院套。

伪满洲国时期，集贤三排（兴安乡）兴四村西四五里地远的一个小山包上，住有一个姓胡的地主，胡家院套是个三合院，四周用土筏子砌起一丈高地围墙，四面都有炮台。

1937年春，正是春耕大忙时节，一天晌午，播种的人们卸完犁杖要进屋吃饭，忽然听到西南方向的胡家院套附近响起了枪声，听到枪声，人们就搬梯子上房或上墙瞭望，只见从西南柳树河子那面过来一队骑兵，有十八骑，从骑的马和穿的衣服上看出是我抗联部队，后面还有一队骑高头大洋马的日军骑兵在追赶抗联。眼看就要追上了，抗联急忙跑到胡家院套大门口，甩蹬离鞍下马进院，其中有位骑白马的战士未下马，而是拐了个弯，朝大墙东北方向穷棒子岗（兴安乡保生村）跑去。

十七名战士进院后，一部分占据西南、西北两个炮台，一部分迅速爬上屋顶和墙头，利用有利地形，狙击日军的进攻。日本骑兵在指挥官的指挥下，下马端着枪弯着腰向院套包抄过来，抗联战士从院套里射出密集的子弹，打退了日军的进攻，日军抬着死尸和伤兵退了下去。大约过了十多分钟，日军的炮兵就向胡家院套开起炮来，接连打了十几炮，院套的炮台和围墙被炸倒了，院子里燃起熊熊大火，升起滚滚浓烟。日军趁势又发起冲锋，双方的枪声更加激励，打了一会儿，在机枪的掩护下，日军就冲进院内，抗联战士用刺刀、枪托和日军混战在一起，有的与日军滚打在地上。终因寡不敌众，全部牺牲。

十七名抗联烈士是哪个军的，叫什么名，不得而知，十七名烈士的英勇事迹后人是不会忘记的。

第六节　英烈传

革命先烈为民族解放事业，抛头颅，洒热血，前赴后继，慷慨壮歌，为缅怀先烈，激励后人，将英烈选编，永志纪念。

夏云杰

夏云杰，山东省沂水县人，1903年生，1932年加入中国共产党。1933年夏，任中共汤原中心县委军委委员，同年10月任中共汤原中心县委书记。1934年秋任汤原抗日游击队总队政委，以后又任东北人民革命军军长、抗日联军第六军军长和北满临时省委执委会常委。1936年夏云杰来到升昌、腰屯一带宣传抗日救国，建立抗日组织，开展游击活动，开辟了治安村"红地盘"。他率骑兵团在笔架山、火家沟一带重创日伪军，军威大振。1936年11月21日，他率部返回汤原后，在汤原城北石场沟丁大干地窝棚，同埋伏在那里的敌军展开了战斗，中弹负伤，流血过多，壮烈牺牲，年仅33岁。

抗联六军军长夏云杰

祁致中

祁致中，原名祁宝堂，别号明山，山东省曹县人。1913年生，1931年"九一八"事变后，在桦南县驼腰子金矿结盟七兄弟，举行反日暴动，击毙守矿日军，夺取机枪1挺，大小枪8支，成立了"东北山林义勇军"。后主动接受共产党领导，改编队伍，建立革命武装。1934年3月，参加了土龙山农民暴动，1935年3月加入中国共产党，任抗联独立师师长，1937年10月任抗联十一军军长，1939年7月任抗联总司令部副官长。

1936年至1938年，祁致中率部以七星砬子为基地，活动在富锦、宝清、桦川、集贤、桦南、依兰、汤原等地，在三江平原上，不断打击日本侵略者。他领导指挥了七星砬子后方根据地建设，在七星砬子建立了兵工厂、被服厂、军政学校、后方医院等。祁致中通过地方党组织和抗日救国会为七星砬子修械所购买了四台机床和多种工具，并派出队伍破坏敌人铁路，夺取铁轨，用作造枪原料，制造出手枪、冲锋枪、手榴弹等多种武器。在他努力下，将修械所扩建为抗联兵工厂，为武装抗日联军，支援各军做出了贡献。在他提议下，在七星砬子建立了军政干部学校、被服厂，培养连、排干部，输送抗联队伍。被服厂有六七台缝纫机，为部队做衣服，使七星砬子不仅是独立师的后方基地，也是三、六、五、八军的后方根据地。1939年7月，在攻打乌拉嘎金矿后被错误处死，时年26岁，东北解放后追认为革命烈士。

抗联十一军军长祁致中

张相武

张相武，1913年2月生于山东省莱州府一个贫苦农民的家里，1917年，随父亲逃荒到林口县，在刁翎镇落了脚。1933年2月，20岁的张相武参与组建密山游击队，开始了抗日游击战争。他率领的队伍，军纪严明，奖罚得当，深受老百姓拥戴，在人民群众的支持下，打一仗，胜一仗。其活动范围逐渐扩大，从密山扩展到方正、依兰、勃利、汤原、集贤、富锦、宝清等地，和兄弟部队一起开展抗日游击战争。1935年冬，反"扫荡"斗争开始，他率部在方正、依兰县境的牡丹江两岸开展游击活动，多次给日本侵略者以沉重的打击。1937年夏，张相武被任命为四军二团团长，10月，被任命为四军一师师长，随李延平军长到大叶沟休整。1937年冬，张相武率四军一师攻打了孙大脖子屯伪教导队，将敌教导队彻底打垮，缴获步枪100余支、轻机枪2挺和大量弹药与军用物资，师威大振，敌军闻风丧胆，不敢轻举妄动。1938年1月，张相武到勃利帮助整顿四军一团，处决了通敌谋叛进行反动活动的团长满景堂和两个连长。四军一团经过整顿后，纯洁了队伍，增强了战斗力，重新活跃在富锦、宝清、集贤一带，打击日本侵略者，张相武做出了重大贡献。之后，他率部队活动于集贤县的南部山区，多次出其不意地打击伪军和警察分驻所，拔掉一个又一个敌人据点。老百姓都知道张相武的部队抗日救国，是保护人民的，愿意向张相武的部队提供情报和给养，使这支部队在人民群众中深深地扎下根。

1938年5月下旬，张相武率部队由富锦向军部指定地点——大叶沟前进，途经国强街基（现升昌镇）的南部山区时，遭敌人包围，突围中，张相武壮烈牺牲，年仅25岁。

李天柱

李天柱，汉族，1898年出生于山东省的一个农民家庭，曾任抗联四军二师师长。1937年9月18日在战斗中光荣牺牲。1931年"九一八"事变后，李天柱在李杜的自卫军中，因作战英勇顽强，先后被提任排长、连长、营长等职。1933年自卫军遭受挫折，不但丝毫没有动摇李天柱的斗志，反而使他抗日的决心更加坚强，他

抗联四军二师师长
李天柱

组织了一支200余人的抗日山林队，报号"自来好"，与敌人周旋，给敌人以沉重的打击。1934年，李天柱率领的反日山林队改编为抗联四军五团。1935年3月，李天柱率部队攻打依兰县的土城子，打垮了土城子的伪军警备队。此仗胜利后，李天柱以土城子为中心，配合四军开展抗日游击活动。6月17日，四军政治部主任何忠国率三团和李天柱一起，在何家屯消灭了一个日军尖兵班，毙敌6人，缴获机枪1挺、步枪4支、掷弹筒1个。

1935年6月，李天柱被任命为五团团长，队伍被正式列入抗日军的序列。李天柱根据四军军长李延禄的指示，对部队进行了政治教育和纪律教育。教育的内容是根据抗日同盟统一制定的三条行动纲领，即：联合一切抗日义勇军和山林队；抗日同盟军专打日本军和卖国贼，联合伪满军和伪自卫队中的反日志士，赞助他们的爱国言论和行动，反正归来者官升一级；主张有钱出钱，有枪出枪，有人出人，有力出力，有计划地、合理地征粮筹款，不扰民。从此李天柱的部队有了明显的改善，和群众的关系更加密切。

1935年9月，抗日军在李延禄的指挥下，攻打刁翎镇和林口县城。李天柱率五团在刁翎镇的南面监视林口方向之敌，准备截击由林口增援的日伪军。战斗于上午10时开始，抗日军很快占领了刁翎镇，伪警察大队60多人溃散，伪守备队全部起义。第二天，李延禄率队又在西北楞和大盘道一带与日伪军遭遇，抗日军抢占了有利地形，双方激战达6个多小时，战斗一直处于僵持状态。此刻李天柱已侦察到这些日伪军是从林口出来的，林口已是一座空城，他建议李延禄趁机抢占林口。李延禄采纳了李天柱的建议，立即决定留下少数部队牵制敌人，其他部队迅速撤出战斗，以李天柱五团为前导，奔袭林口。于凌晨3时向林口县城发起了猛烈进攻，很快攻进城内，占领了兵营，并缴获了100多匹战马、一批粮食和弹药，李天柱的部队在这次战斗中起了重要作用。1935年秋，日军对抗日军开始秋季"大讨伐"，李天柱率领四军五团开赴桦川、集贤一带活动，以分散敌人目标，达到机动牵制敌人的目的，并寻找机会和虎林、饶河的四军四团沟通联系，同敌人斗争。

1936年春，抗日同盟军第四军改称东北抗日联军第四军。李天柱的部队改称东北抗日联军第四军第五团。6月，将四军原五团、六团、七团编成三师，李天柱任三师师长兼五团团长，活动于富锦、集贤、桦川一带。

1936年9月将在虎林、饶河的四军二师扩编成立了抗日联军第七军。抗联四军原三师改称为二师，李天柱任师长。在1936年夏至1937年秋的一年多的时间里，李天柱率部队配合其他抗日联军游击于宝清、富锦、同江、集贤等地。拔除敌人的警察局所，攻打反动地主的土围子、自卫团，袭击敌人的"讨伐"队，截击敌人的运输物资，打开了游击战的新局面，站稳了脚跟。在双鸭山的深山里建立了自己的密营，建立了多处游击根据地，并为群众发放了红地盘执照，在群众中开展抗日宣传，组织群众反对"归屯并户"，反对在青少年中征兵，受到群众的拥护。

1937年3月，李天柱率部队在桦川县攻打石虎山矿伪自卫团，取得了胜利。缴获步枪31支、手枪2支和一批弹药。

1937年9月18日，经过详细侦察之后，李天柱决定攻打集贤地区的国强街基（现升昌镇）的伪警察署和伪自卫团。9月18日上午8时，李天柱率领二师向国强街基发起了进攻，派出两个排埋伏在国强街基的东西两侧道边上，其任务是切断电线，阻击援军并负责警戒。其余200余人由东南西三个方向进攻国强街基。部队以高粱地和玉米地的青纱帐作掩护，很快接近国强街基。部队稍事停留之后，观察到敌人没有动静，李天柱命令部队趁敌人没发现之前，跑步靠近附近的房屋，利用房屋作掩护，继续前进。当警察署自卫团得知抗日联军攻到街内时，慌乱地占领了街内的6个炮台，胡乱地向外射击。李天柱的部队很快地靠近了警察署和自卫团的院墙，和敌人接了火。李天柱派人向敌人喊话，教育他们不要当亡国奴，劝他们缴械投降。双方僵持了2个小时。李天柱在街里碰见一个叫杨老板的人，此人专靠卖牛马为生，群众称他为杨马贩子，他在卖牛贩马时，为走山路安全，曾寻求过李天柱的保护。因此，杨马贩子和李天柱也称得上是江湖上的朋友。李天柱问杨："你和伪警察、自卫团的人有认识的吗？"杨老板说："认识几个也没用，他们都是铁杆汉奸，就得往死里打。"李天柱说："你去劝说一下，叫他们投降吧。"杨老板说："投降？他们都忘记自己是中国人了，潘大牙（伪自卫团长潘孝堂的外号）打死过多少抗日军民，他们能投降吗？"李天柱耐心地说："他们的手下人不一定全和潘大牙一样甘心情愿当汉奸，总会有一些有良心的中国人。"杨老板被李天柱话语所打动，同意去试试。

杨老板找到自卫团的一个家属，让她送信给自卫团，开始她不同意，经过工作，她同意去送信。她到了自卫团的墙外边，隔墙喊自己的丈夫说有要紧事。她丈夫出来后说："枪打得这么紧，有什么事回去再说。"她着急地说："不是我有事，是杨老板要见潘队长。"丈夫说："有事写个条子扔进来。"杨老板同意，写了一个纸条包上一块砖头扔进去。过了一会儿从里面又扔出一个纸条，让杨老板进去。李天柱说："你去对他们说，我们已经把他们包围了，让他们放下武器投降，我军保证他们的人身安全，愿意抗日的我们欢迎，不愿抗日的允许他们回家，但不得再替日本人卖命！"杨老板进去后，李天柱命令部队停止射击。大约过20多分钟，杨老板出来了，对李天柱说："潘大牙说援军就要到了，他们不肯投降。"李天柱说："潘大牙太猖狂了，电话打不出去了，谁还会来支援？"杨老板说："他还同意和你谈判，讲讲条件，答应给你一些子弹和枪支，如果你同意可在院外周保长家见面。"李天柱说："那好，我去教训教训他。"杨老板说："潘大牙心狠手黑，诡计多端，你可要多加小心！"李天柱说："他已是瓮中之鳖，我还怕他。"双方停止射击后，李天柱带了一个警卫员，杨老板在前面带路。当走到离周保长家不远的小胡同里，接近敌人的炮台时，突然从自卫团的炮楼里打出一冷枪，子弹从李天柱的肚子穿过，李天柱捂着流血不止的肚子，高喊："我们上当了，给我狠狠地打！"双方展开了激战，战斗又持续了3个多小时，还是攻不下敌人的炮台。部下对李天柱说："这样打下去是不利的。我们没有手榴弹和火炮，长时间打不下敌人炮台，要僵持多久啊！等你伤好后再来打吧！"李天柱同意大家意见，命令部队撤退。

李天柱被抬出300多米，便停止了呼吸，结束了为人民英勇奋斗的一生，时年39岁。

王毓峰

王毓峰，原名王忠庆，1897年生于宁安县东京城阿堡河子（现杏山村）。19岁时参加了东北军，先后担任过班长、排长、连长等职。

"九一八"事变后，王毓峰在全国日益高涨的抗日怒潮中，心里燃起了民族复仇的烈火，高举抗日旗帜，把他领导的一个排东北军拉了出去，在宁安县境内的花脸沟开展游击战争。

1932年，当吉林王德林领导的抗日救国军从敦化一带来宁安活动时，王毓峰率部队投奔了救国军。不久，救国军在日军进攻之下垮台了。这使王毓峰深刻认识到，要抗日救国只有跟着共产党走。

1933年1月，王毓峰率200余人参加了李延禄领导的抗日游击军，被编为游击军第二团，并任该团团长。参加游击军后，王毓峰立即投入了粉碎日本侵略者对吉东地区"大讨伐"的斗争。1月28日，日伪军联合出动1 200余人，其中有日军松乙部队200余人，伪警备旅马海山团800余人，宁安警察队200余人，分成三路向团山屯我军阵地猛攻。王毓峰指挥二团战士与兄弟部队紧密配合，猛烈还击。经过两小时的激烈战斗，日军被迫撤退了。1933年秋，王毓峰率领二团战士在宁安县，同傅显明、柴世荣等救国军彼此呼应，共同打击日本侵略者。1934年春，"绥宁反日同盟军"组成，王毓峰坚决拥护我党提出的反日民族统一战线的政治主张，并率领全团战士参加了同盟军。4月，王毓峰率领全团战士与同盟军兄弟部队配合，先进攻小城子，烧毁了敌伪电报局，然后进攻宁安与延吉之间的城子街，收缴了东京城附近农村的地主武装，打击了日伪军，扩大了同盟军的影响。

1934年冬，在粉碎日本侵略者冬季"大讨伐"的战斗中，王毓峰率领部队与兄弟部队密切合作，同日军进行了多次战斗。猴石一战，打死打伤三四十个敌人。在岔沟和狼窝的两次战斗中，除缴获一些枪支、弹药、军需物品外，还打死伪警察队长马志超。在同盟军各部队的英勇战斗和游击区群众的有力支援下，日本侵略者发动的冬季"大讨伐"被彻底粉碎了。

1935年2月，吉东特委、宁安县委和同盟军党委共同决定：将同盟军改编为东北反日联合军第五军，王毓峰任一师二团团长。在东沟子击溃日军一个小队，缴获机枪1挺，步枪10余支。此战大长了抗日军民的威风，大灭了日伪军的锐气。1936年3月，王毓峰和师长李荆璞在筹集部队给养过程中，突然遭到四倍于我的日伪军联合袭击。在十分紧急的情况下，为了保存部队，李荆璞师长命令王毓峰率部突围，而王毓峰则决意首先掩护李荆璞师长和师部突围。他坚决果断，临危不惧，巧妙地指挥二团战士连续冲杀，顶住了敌人的猛烈冲击，使李荆璞师长和师部得以安全转移，我军由被动转为主动，在以较少的牺牲挫败敌人之进攻后，转移到了新的地区。

在抗日战争的烈火中，王毓峰经受了严峻的考验和锻炼。他立场坚定，旗帜鲜明，出生入死。特别是他加入中国共产党后，坚持党的领导，模范地贯彻执行党的方针政策，逐渐成长为一名智勇兼备的优秀军事指挥员，1937年冬，王毓峰被提升为抗日联军四军二师师长。

王毓峰在长期抗日的艰苦岁月中，患有严重的痔疮病，开始时他忍痛坚持随军指挥战斗，但终因失血过多病情更加恶化，在他无法继续随军指挥战斗的情况下，党为了给他调治并使之休养，把他安排在集贤县七星砬子的密营中。1938年2月25日被四军六团叛变的队员杀害而牺牲，时年41岁。

马德山

马德山，原名金乘浩，朝鲜族，1911年12月30日出生于上海市。自幼受革命家庭影响，在心灵深处播下了反抗外敌侵略的革命火种。1930年加入了列宁主义青年团，不久，他参加了中共汤原中心县委举办的第一期训练班。白天上课学习政治、军事基础知识，晚间参加军事训练，为他后来参加抗日游击队打下了良好基础。

抗联六军一师师长
马德山

1931年"九一八"事变后，马德山积极地投入了抗日斗争的洪流，并成为一名光荣的共产党员。入党以后，他担任中共汤原中心县委的交通员，经常不辞辛苦地来往于鹤立、通河之间。有一次，为了完成党交给他的进山送信任务，路上遇到暴风雪的袭击，把他正在患病的左眼冻伤，致使失明。他毫无怨言向党表示：剩一只眼，也要抗日到底！马德山为人耿直，忠实、积极，以党的利益为第一生命。1934年4月间的一个早晨，汤原游击队五十余名队员，被伪军两个连包围在汤原南二保相距百米的两座孤房中，战斗十分激烈。马德山冒着敌人的炮火来往于两座孤房之间，给队员送水、送饭。他这种行为鼓舞了战士，大家越战越勇，直到日落，全体队员突出了重围。1935年10月间，他还先后参加了解除太平川警察署和亮子河金矿伪军三旅三营一连武装的战斗。

1936年6月，党组织送他到东北抗日联军军政干校学习。毕业后，他回到抗联六军，任四团某连政治指导员，后任四团政治部主任，同年11月被任命为抗联六军一师师长。1937年2月，六军军部召开军政联席会议决定：六军一师到富锦、同江、宝清、集贤地区开辟、建立抗日根据地。他带领小分队向集贤进军，途中在桦川县火龙沟受到六七百名伪军的包围。马德山指挥一师的二百余人，激战一天，打退了敌人的多次冲锋，突出重围，安全转移。到集贤后得到情报，有股日军经高丽屯（现高丰村）去集贤镇，马德山率骑兵70余名，夜宿高丽屯，堵击敌人，打死日军60多人，日军弃尸而逃。同年3月，日本关东军派150余名骑兵，在夹信子（现胜利村）以东尾追我军。马德山未与来犯之敌仓促应战，而是依靠群众的支援，率领部队拖着敌人不停地周旋。当把敌人拖得精疲力竭之后，选择了有利地形，给敌人以沉重打击。这一仗，有30余名日军丧命，得战马十余匹。之后，又缴了夹信子自卫团和警察署的械，得枪40余支。在夹信子以西，还解除了汉奸地主高二麻子自卫团的武装，为部队解决了许多子弹和给养。

1937年"七七"事变以后，下江人民抗日斗争异常活跃，伪军哗变抗日事件也不断出现。9月，马德山在依兰县委的密切配合下，争取了伪军三十八团某营长及其下属两个连伪军哗变抗日,解除了依兰县东部地区汉奸地主王治安自卫团的武装。六军一师从依兰回师后，又通过伪军三十五团的一个号兵，以打牌为借口把我军手枪队引入该团的骑兵营营部，趁敌麻痹无备，顺利地解除其全营武装。这一年，六军一师曾发展到近两千人，成为富锦、宝清、集贤一带抗日主力部队之一。

1938年3月29日，马德山率六军一师与六军五师相配合，深入绥滨边境地区开展游击战争。在三间房伏击伪警察队的一次作战中英勇牺牲，年仅27岁。

金正国

金正国，原名金相周，又名金相奎、金振国。1912年3月1日出生于朝鲜庆尚北道礼泉郡虎鸣西山合洞一个农民家里，1916年随父流亡到中国东北，1924年定居于汤原县古城岗。1929年，金正国小学毕业后在家乡当了教员，向学生宣传革命思想，组织学生阅读革命书刊，引导学生参加革命斗争。还经常到附近农村向贫苦农民进行革命宣传，散发传单，张贴标语，号召群众参加革命运动。由于他表现积极，工作出色，1930年光荣地加入了中国共产党。1932年初，金正国担任中共汤原中心县委秘书，他响应党的号召，在格节河、亮子河、黑金河等地向群众进行抗日救国宣传。5月，日本侵略者侵占了汤原、依兰、佳木斯等地。汤原中心县委为抵抗日本侵略者，组织抗日武装，他参加了向地主夺枪的活动，并发动群众组织各界人士，筹款买枪。

1933年秋，中共汤原中心县委为落实满洲省委的指示，派李春满、李爱道、金正国等人到集贤安邦河区开辟党的工作，秘密筹建了中共安邦河区委员会。金正国为委员，主抓宣传工作，在宣传群众，发动群众，武装群众等方面做了大量的工作，为安邦河区播下了抗日的火种。

1934年农历正月初三，区委得到情报，夹信子屯地主高大麻子家正在聚会，这是收缴地主武装的最好时机。在区委书记李春满的带领下，以送礼的方法去收缴地主高大麻子的武装。金正国手拿四盒礼（礼品全是假的）来到地主高大麻子屋内，时逢附近各屯地主和绅士正给高大麻子拜年。李春满抓住这一有利时机，宣讲抗日救国的道理，控诉日本侵略者杀害中国人民的滔天罪行，热情宣传我党的抗日救国方针，并号召有钱出钱，有力出力，有枪出枪，共同协力抗日救国。这突如其来的行动，使在座的地主和绅士们惊呆了，有的企图反抗，有的不知所措。这时，高大麻子家的炮手已将房子包围，双方发生了搏斗，当场打死4个地主，李春满等3人牺牲。金正国机智勇敢地夺取1支步枪后，从后窗跳出屋外，越墙脱险。1934年金正国被派往汤原游击总队担任指导员。金正国到部队后，积极开展政治思想工作，活跃部队政治文化生活，提高了部队的政治、文化素质，党、团员数量大增，深受指战员们的拥护。

1935年，汤原中心县委和游击总队决定，把善于做政治思想工作的金正国等三名同志派到明山队去工作。明山队是祁致中领导的一支自发性的抗日武装队伍，队伍内政治思想工作薄弱，县委决定派金正国去明山队担任政治指导员，协助祁致中抓政治思想工作，帮助祁致中清除混入队内挑拨离间的坏分子，消除队内混乱思想，整顿了部队，发展30多名党员，进一步增强了党的战斗力，提高了部队的军事、政治素质，为明山队后来成为我党领导的一支强有力的抗日武装打下了良好的基础。

明山队在祁致中和金正国的领导下，运用灵活机动的战略战术，巧妙地缴获了敌人的武器装备。1935年12月26日，明山队在依兰县松木河截获了一辆从佳木斯开往依兰的敌人汽车，解除了15名自卫团的武装，缴获步枪12支、手枪3支、子弹700余发和一些军需物资。1936年秋，部队在东来、柴河一带，与200名大排队相遇，双方激战到天黑，各自收兵。这天晚上宿营时，恰巧敌我驻在相隔不远的前后屯，于是一旅先发制人，当夜袭击了大排队。金正国带队主攻，生擒敌哨兵，然后，边攻打，边发动政治攻势。在我军的逼迫下，伪大排队副队长宴国华率队投降，大排队长江静波在越墙逃跑时被击毙。这次袭击中，打死敌人20余名，俘虏170多人。

1937年夏，金正国率独立师一旅、五军二师和八军部分队伍，在柴河一带同敌人进行多次战斗，取得了许多胜利。8月，金正国率队在孟家岗后长石砬子山脚下，伏击伪军一个警卫连，经过半小时战斗，打死敌参谋长等10多人，其余全部缴械。获步枪百余支和许多黄金。8月21日，金正国率90多名骑兵，协同八军三师百余名骑兵，从孟家岗把敌骑兵黑石部队700余人引诱到五道岗大道，然后五军三师的两个团在南山脚下伏击了敌人。经过5个多小时战斗，歼敌300余人，缴获战马200多匹、步枪200余支、轻机枪10挺，取得了重大胜利。10月，独立师改编为东北抗日联军第十一军。金正国开始任一旅政治部主任，后兼任军政治部主任。

1938年，日本侵略者以重兵"讨伐"，企图消灭我抗联队伍。从春天起，日伪军动用千余名骑兵和伪军第四教导队500余人，向十一军活动区域发动"围剿"。在敌强我弱的情况下，金正国和张治国率一旅边打边退，从桦南的永平岗退到山里，当一旅退到大锅盔山时，被敌人重兵包围，在激烈的战斗中，旅长张治国等80多名指战员壮烈牺牲。金正国率几十人打开血路，冲出包围圈，转移到集贤县七星砬子抗联密营。

1938年5月下旬，金正国在李家粉房不幸被叛徒杀害，时年

27岁。

徐光海

徐光海，曾用名徐炳仁，朝鲜族，曾任东北抗联六军一师政治部主任、中共下江特委常委、富锦县委书记等职。1938年11月23日牺牲，时年31岁。

徐光海，1907年生于朝鲜庆尚南道密阳郡一个农民家里。1913年全家为不受日本殖民主义的欺凌和压榨，来到东北，先后在沈阳和开原居住。1926年，其父被黑龙江军阀吴俊生开办的福丰稻田公司招雇，这时全家搬到萝北县，在梧桐河东岸落户。

1930年秋，党领导梧桐河两岸几百户农民，开展的反对封建剥削的减租减息群众运动，遭到了福丰稻田公司的野蛮镇压。农民运动的领导人崔庸健、裴治云等被军阀绑走。地主阶级的倒行逆施，激起

抗联六军一师政治部主任徐光海

了革命群众的强烈反抗。他们奋不顾身地砸开了公司的大门，冲进了土围子，与公司的当权者进行了面对面的斗争。结果使被捕的农民运动领导人得到了释放，减租减息的要求得到了实现。徐光海第一次在火热的斗争中受到革命风暴的洗礼。1933年7月，徐光海被派到报字"阎王"的一支义勇军队伍，他积极努力，改变了这支队伍侵害群众利益的行为，抗日旗帜越来越鲜明。1934年1月，徐光海从"阎王"部队帮助戴鸿宾借了2支手枪化装潜入萝北县凤翔镇，缴了自卫团20余支枪，使游击队员每人都有了1支枪，并率"阎王"队21名义勇军队员参加了汤原游击队。在关键时刻，为创建汤原游击队立下了功劳。

1935年9月，汤原游击总队队长戴鸿宾率领第一中队配合集

贤县安邦河区委开辟抗日游击区。中秋节这天，天气晴朗，汤原游击总队的18名队员，横渡松花江，直接到王海屯（现合发村）前边安区联络站任木匠和李石远家了解敌情。傍晚，游击队员身穿警察服装，列着整齐的队形，朝着汉奸地主何梦麟家前进。地主何梦麟接到报告后，站在炮台高处影影绰绰地看见化了装的徐光海，他认为是日本指导官来了，急忙走出大门外，低头哈腰地陪同"指导官"进了客房，全家烧茶、做饭招待"贵宾"。徐光海用日语说了一通客气话以后，说明了验枪照的来意，要他交出所有枪支和枪照，大家把四十多支枪都绑在马背上，"指导官"通过"翻译官"对何梦麟说："皇军念你忠心，不予处罚，枪支统统拿到集贤镇重新起照，明天去取。"何梦麟第二天到集贤镇一打听，没人去验照，这才知道上当啦。抗联拿到四十多条枪后帮助安邦河区建立起一支五六十人的游击队。

徐光海带领六军一师，在完达山脉七星砬子建立了密营、被服厂、医院。

1936年11月，东北抗联第六军四个团扩编为四个师，徐光海被任命为六军一师政治部主任。六军司令部决定一师配合富锦县委开辟游击区，建立抗日根据地。徐光海率领一师在富锦、宝清、集贤等地狠狠地打击警察署、自卫团和日伪反动政权。一次，徐光海选派11名战士，化装农民打入七星泡村侦察敌情。夜间，他亲自带领一支精悍的小部队，悄悄地进入村内，准确地摸到自卫团驻地，缴了30多支枪。徐光海在宝清县七星泡、窦家围子、孟家烧锅、凉水泉子、杨家围子、李津围子、十八里等地，都建立了公开或半公开的群众组织。在集贤县安区、集区、新区、营区、沙岗区、腰屯区先后建立了抗日救国会、妇女会、儿童团。不足半年，发展到28个农民自卫队，夜出昼归，提特务、锄汉奸，配合主力部队作战。

1937年9月，根据下江特委指示，六军一师师长马德山在依兰大碴子配合依兰县委接应伪军三十八团两个连哗变的艰巨任务，返回途中，在宝清鲍家南山脚下，遭日军突然袭击。徐光海率领六军一师一团和教导队听到枪声，疾速赶到阵地，从敌人背后予以猛击，使战局由被动变主动。由于我军士气旺盛，战斗力强，使力图顽抗、拼死挣扎的敌人支持不住，丢下死尸20余具，狼狈逃窜。徐光海、马德山率部队返回安邦河区之后，将伪军哗变部队改编为六军一师六团，并派李云峰担任该团政治部主任。同年7月，徐光海获悉兴安军某部从富锦到佳木斯换防的情报，立即集中了六军一师和六军四师三十团200多人，急行军到双山，埋伏在公路两旁的柞树丛中。拂晓，兴安军的20余名先头部队才发觉已进入我军阵地，慌忙回逃时，被我军击毙7名，敌数百名后续部队在千米以远，向我军阵地猛扑，我军迎头痛击，兴安军弃尸70余具，仓皇逃走。此后，徐光海兼任中共富锦县委书记，参加下江特委常委工作。他率队回师松花江南岸，时而分散，时而集中，牵制日军，打击日伪反动势力。1938年6月的一个夜间，徐光海率领六军一师教导队，摸进了国强街基警察署，24名警察、2名日本指导官和赵翻译全部被活捉。

徐光海为抗日救国，在三江平原坚持长期抗日游击战争，他为了保存实力，天天通过敌人的封锁线，到后方密营视察和整顿部队。1938年11月23日，他带领锅盔山后方医院的工作人员和伤病员20余人往外转移时，走到附近山冈上的张家窑，与叛徒陈传和带领的伪军三十五团相遇，我军立即投入了战斗。全体干部、战士、伤员们以宁死不屈的气概，进行了英勇、顽强的抵抗。在激烈的战斗中，徐光海同志壮烈牺牲。

金根

金根，原名金光珍，别名金弦，朝鲜族。1903年1月生于朝鲜咸镜北道庆兴郡雄基邑的一个农民家庭里。1924年至1928年金根先后担任了和龙县北獐洞、大扇洞等小学校校长。在此期间，他广泛接触农民群众，同他们谈心、交朋友，调查了解农民的生活状况；揭露地主阶级的反动本质，深入浅出地讲解农民受压迫、受剥削的原因，宣传革命道理，启发农民的阶级觉悟。1929年，金根到龙井镇大成中学任教，组织和发动群众，坚持革命活动，积极开展革命斗争。1930年6月，他光荣地加入了中国共产党，他根据党组织的指示，在汪清罗子沟建立了40多人的革命武装组织。

1932年春，金根在宁安县东京城一面大力开展抗日宣传活动，一面组织起抗日会、儿童团等群众组织。并于1932年6月，建立了23人的北满工农义勇队，金根任队长。这支队伍主要在宁安、穆棱、汪清等地进行反日反霸活动。

抗联八军一师政治部主任金根

1933年6月，金根根据上级指示到达密山开展工作。为建立密山游击队，通过缴获伪军武器和募捐购置枪支等途径，先后搞到34支步枪，于1934年2月成立了密山游击队，金根任参谋长。游击队成立后，在杨树林子与150多名伪军激战6个多小时，击毙伪军营长、连副各1名，杀伤伪军20余名。1934年10月，金根任四军参谋处长兼经济委员会主任，1935年3月代理四军二团团长，率队在勃利一带进行抗日活动。伏击了反动的自卫团，自卫团长等18人被击毙，缴获步枪18支，并烧毁了敌人汽车。1936年8月，金根任八军一师政治部主任，他根据部队的情况，进行政治思想工作，进行宗旨和纪律教育，加强了部队的组织建设。

1937年"七七"事变以后，日军加紧了对抗日联军的封锁和

"讨伐"，同时勾结我军中的一些动摇变节分子，从内部进行破坏活动。12月3日晚，叛徒手持枪支突然闯入了七星砬子金根住地，对金根进行威胁、恐吓。金根坚贞不屈，惨遭杀害，牺牲时年仅36岁。在金根同志牺牲地——七星砬子矗立着金根烈士纪念碑，永志纪念。

林永祥

林永祥，别名林中信，1913年生于山东省郓城县，早年在家乡参加了革命，并加入了中国共产党。1932年任抗日联军六军四团团长。1934年2月，同祁致中一起在集贤县东太平（现升昌镇）一带开辟红色根据地，组建抗日救国会，并留在地方担任青救会书记。他常向人们讲述梁山好汉的故事，同时向群众宣传抗日救国的道理，还经常冒着生命危险打进敌伪内部搜集情报。1938年春，他曾假装"哑巴"潜入伪军三十五团驻地，配合抗日部队巧妙地缴了伪军三十五团骑兵连的械。同年6月，他带领一连抗联战士在腰屯双山截击伪军三十五团军需物资，面对敌人的猛烈火力，他奋不顾身地抱起机枪冲上前去，向敌人猛烈扫射，击溃押车的伪军，截获了敌人的全部军火物资。但林永祥也受了重伤，由于流血过多，在送往锅盔山密营医院的途中牺牲，年仅26岁。

任春植

任春植，朝鲜族，中共党员，1932年8月因汤原梧桐河一带涨大水，他和其他朝鲜族人一起搬到集贤县高丽屯（现高丰村）居住，以种稻为生。1935年正月，他参加了攻打夹信子（现胜利村）伪警察局所的斗争，失败后在宽厚甲屯（现红联村）隐居。1936年，他和中共富锦县委及江北抗联游击队取得联系，在集贤地区开展抗日宣传，组织抗日救国会，积极支援抗联部队打击日本侵略者。当时，任春植是中共地下党组织——集贤区委书记。

1938年，由于叛徒告密，任春植和许多抗联人员被捕，在日本侵略者的淫威酷刑面前，他表现得坚定顽强，宁死不屈，1940年牺牲在吉林伪满监狱。

李连贵

李连贵，原籍吉林省榆树县，1898年生。1909年随父母迁到集贤县夹信子村（今胜利村）居住，从事农业生产。1934年经中共汤原中心县委特派员赵子鹏等介绍，参加抗日救国会，担任交通员。1937年经富锦县委书记刘忠民介绍加入中国共产党。此后，李连贵先后任安邦河区委组织部长、区委书记等职。在此期间，为地下党和抗联部队积极工作，搜集、传递情报，运送给养和供应物资，发展地下党组织，伺机打击敌伪势力，发动群众，宣传抗日，建立红色根据地。1937年因救国会员王大烟投敌告密，致使李连贵被捕。他忍受了敌人的百般折磨，宁死不屈，表现了共产党人的高尚革命气节。1938年牺牲在吉林伪满监狱。

吴国文

吴国文，祖籍山东，后迁至集贤县兴安乡。少时家贫，只读一年书，后在家务农。年轻时交朋好友，乐于助人，在乡里较有名望。

吴国文30岁以后，到山西五台山入佛门，拜师学经。不久，游历于河北一带，曾办放赈等慈善事业，宣传"修好积德，救苦救难"等佛教信条。1930年回兴安，组织大同佛教会，并亲自摆坛传法，发展会员。当时桦川、集贤和富锦一带入会者1万多人。

1932年9月，吴国文在兴安改佛教会为黄枪会，树起反满抗日的旗帜。同时，他又联合红枪会以及王勇、信志山等旧军部队，决定10月中旬去佳木斯攻打日本侵略军。10月20日，吴国文率部会同红枪会等与日军激战于桦川县马忠显大桥，因王勇队叛变而遭到失败。吴国文壮烈牺牲。

汝有才

汝有才，字相臣。原籍安徽省汝家庙，后迁到集贤县太平镇南的庙岭居住，是红枪会的首领。汝有才年轻时练就一身好武艺，喜欢舞枪弄棒，交朋好友。1931年"九一八"事变后，他组织了红枪会，宗旨是"消灭土匪，保卫地方，保卫百姓"，颇受群众拥戴。东北军依兰镇守使李杜任命他为红枪会的司令。红枪会在佳木斯以东地区迅速发展到几万人。1932年春，红枪会攻打集贤镇土匪，旗开得胜。夏，汝有才率领600多名红枪会员在太平镇大脑山一带狠狠打击日本侵略军，夺得许多枪支弹药，声势更加壮大，并明确提出"抗日救国"的主张。当年秋，他组织红枪会攻打桦川县悦来镇伪军，获胜。10月中旬，与黄枪会联合攻打佳木斯日本侵略军，与日军战于马忠显大桥，因王勇队叛变而遭失败。

刘忠民

刘忠民（1909—1989年），曾用名：赵福生、老蔡、老杨，辽宁海城人。1931年参加反日同盟会。1932年参加中国共产主义青年团。1933年转为中共党员。历任汤原县委保卫部部长，下江特委，特派员兼绥滨县委组织部长，抗日联军办事处主任。1937年在中共安邦河区委基础上，他筹建了中共富锦县委，并担任首任县委书记。在这期间帮助抗联十一军和六军筹建了兵工厂、被服厂、军政干校等七星砬子抗联后方根据地，有力地支援了抗日前线。

富锦县委书记
刘忠民

1938年6月，由于叛徒出卖被捕，在狱中刘忠民坚持斗争，成立了"反帝牢狱会"，秘密成立暴动队，有计划、有目的开展斗争。

1945年8月15日，日本侵略者投降，刘忠民等在押的政治犯得以逃出，任中共北满临时省委军事委员。

1946年起，历任合江军区独立团团长、萝北县长、松江省工业厅黑背金矿局局长，松江化学厂厂长，松江省驻沈阳办事处主任，松江胶合板厂副厂长等职。

1945年11月23日，李兆麟将军在哈尔滨市政府会见刘忠民同志，称他是真正的共产党员，并挥笔写下"铁骨忠魂"四个大字送给他。

刘善一

刘善一，曾用名王振龙、王恩久、龙一门，人称大老门。1906年出生于汤原县西北沟南靠山屯，1932年秋加入中国共产党。先后任达木库支部书记、南岗区委书记、汤原县委书记和富锦县委书记。

1933年春，中共汤原中心县委根据中共中央"一·二六"指示信的精神，决定联合各山林队和地主大排队攻打伪汤原县公署。县委派刘善一做伪村长刘忠的工作，他出色

刘善一

地完成了任务。1933年秋，西北沟地下党组织遭到严重破坏，为了保存党的实力，中共汤原县委派他到桦川县士龙山、大来岗一带发动群众，开辟党的新活动区，建立革命根据地。刘善一在桦川县世源泰粮栈，以打斗的掩护，进行秘密上传，发动群众、发展党员、建立党组织，当地人称他为"刘斗倌"。

1934年秋，中共达木库支部建立，刘善一任支部书记。1935年春，在达木库支部基础上建立了中共南岗区委员会，隶属于中

共汤原县中心县委领导，刘善一任区委书记。

1936年秋，中共汤原中心县委改组为下江特委，同时成立汤原县委，刘善一任县委书记。

1937年7月，任富锦县委书记。在富锦期间，带领党员深入发动群众，组织人力、物力、财力，为抗日部队筹措军需物资，收集军事情报，支持抗日斗争。

1938年"三一五"事件中，刘善一被叛徒姜显廷出卖，在康家屯被日军逮捕，判处有期徒刑25年，被关押在伪满洲国新京（长春）监狱。在狱中他坚贞不屈，仍坚持与敌人做斗争，组织狱中人员消极怠工、破坏机器、发展进步青年加入党组织。

由于在狱中长期受到摧残、折磨，刘善一得了骨癌。1945年春保外就医，回到汤原县西北沟南靠山屯。1945年12月，刘善一在西北沟南靠山屯逝世，年仅35岁，后被民政部追认为烈士。

李敏

李敏，1924年11月5日出生于黑龙江省汤原县梧桐村（原属萝北县），是李石远的二女儿。

李石远曾任中共安邦河区委组织委员、区委书记、抗联六军一师后勤处处长，1938年，在执行收粮任务时，同敌人遭遇，光荣牺牲。李敏哥哥李云峰，曾任抗联六军一师六团政治部主任，1942年李云峰在侦察活动时光荣牺牲。

李敏在父兄的影响下接受了革命思想，积极参加革命活动。1932年秋，梧桐河一带发洪水，李敏随父亲迁移到集贤县王海屯。李敏参加了当地儿童团，经常组织演出，宣传抗日精神，收集募捐物资支援抗联部队。1936年冬，参加东北抗日联军，先后在第六军四师当战士、炊事员，军部被服厂、临时医院工作。1937年秋，加入中国共产主义青年团。1939年1月，加入中国共产党。

1940年秋，派往苏联学习，在位于苏联远东地区的抗联驻地A野营护士排学习医疗和无线电专业技术，1942年8月，抗联部队编为教导旅（亦称"苏联远东红旗军独立第八十八步兵旅"）后，在通讯营任旅部广播员、政治教员、营党支部副书记等职，曾连续三年被评为旅优秀战士，被授予战斗功勋奖章，并从上等兵晋升为准尉。

1945年8月，随苏联红军进入东北，参加绥化建政、建军、妇女群众等工作，曾任黑龙江省军区警卫连副指导员兼党支部书记、省中苏友协副总干事长。1952年8月在东北局党校学习，毕业后任省政府文教办副主任、省教育厅副处长、厅党组成员。1957年当选为中共黑龙江省第一届党代会代表。

1958年11月至1973年6月，任哈尔滨第一工具厂党委书记兼道外区党委书记处书记等职。1966年"文化大革命"开始后，遭受迫害，入狱五年。

1973年至1982年，担任黑龙江省总工会第三、四届副主席、党组副书记，省人大第四届常委，中华全国总工会第九届代表、执行委员会委员，全国政协第四届委员会委员。

1982年11月至1987年，历任第五届黑龙江省政协副主席兼省委统战部副部长，并兼任省民族事务委员会主任、党组书记，中共黑龙江省第四届委员会候补委员、第五届委员会委员。

1987年至1993年，任第六届黑龙江省政协副主席、党组成员兼省政协提案委员会主任、民族宗教委员会主任。

1993年李敏同志离休，组建了黑龙江省东北抗联精神宣传队，宣传抗联历史；弘扬抗联精神，多次带领专家学者及宣传队员到山区、林区探访踏查东北抗联战斗和活动的地点并寻找烈士的遗文遗物，深入到部队、工厂和机关企事业单位进行专场文艺演出。多次到大专院校及相关单位做东北抗联的专题报告，宣传和弘扬爱国主义精神，受到了社会各界和广大人民群众的一致好评。

李敏曾荣获苏联授予的斯大林勋章、朱可夫勋章、苏联卫国战争服务生勋章、苏联卫国战争胜利50周年、60周年、70周年纪念章、中国人民抗日战争胜利60周年、70周年纪念章，以及红军长征胜利80周年纪念章等三十余枚。

李敏提出了关于将中国人民抗日战争光辉历史由八年改为十四年并纳入中小学教科书的建议被采纳；由李敏建议，在省委、省政府和省政协的大力支持下成立了"黑龙江省东北抗日联军历史文化研究会"，李敏担任总顾问。

李敏同志，因病于2018年7月21日在哈尔滨逝世，享年95岁。

烈士纪念碑

第三章　战斗风云

（1945.8—1949.10）

第一节　当时的政治形势

　　1945年8月16日，苏联红军进驻集贤镇，日伪政权垮台，建立苏联红军司令部。与此同时，维持会、国民党党部、大同盟

（地方民众自治组织）等相继建立，出现了各种政权组织并存的局面。1946年1月12日，合江省富锦专员公署专员孙维，到集贤镇建立起富锦第五区公署，大同盟的武装队伍改为区武装中队。区政权建立后，维持会、国民党党部等都不宣而散。1946年4月，合江省军政干校副校长赵振华率领由该校学员组成的合江省第四民主运动工作团来到集贤。4月末，苏联红军司令部撤离返国，民运工作团当即建立起集贤镇卫戍司令部，代管第五区的军事、行政，同时第五区公署撤销。

当时的形势是从合江省来看，虽然依靠关内来的干部和当地抗联干部，共产党从上到下进行了接收，各级政权都带上了"红帽子"，但是由于没有来得及发动群众，土匪、汉奸、恶霸等反动势力还未受到应有的打击，有的甚至在人民政权中窃据要职，暗地支持和策划叛乱，等待国民党反动派来接收。国民党收编的土匪武装也趁机扩展，气势甚为猖狂，到处为非作歹，残害、骚扰百姓，破坏革命政权，使各级政权的处境十分困难和危险。

当时集贤群众尚未发动起来，他们对共产党、八路军没有明确认识，认为"谁来都纳贡"，对八路军、中央军谁好谁坏也分不清楚，对未来的局势发展持观望态度。农村到处是"会局"（大型赌博团体），封建落后面貌依旧，地主阶级仍然在残酷剥削农民，人民群众仍处于水深火热之中。土匪横行霸道，这些土匪和恶霸地主势力是建立革命新政权的最大障碍和最危险的敌人。

1945年12月28日，毛泽东主席给中共中央东北局的指示中曾指出："我党现时在东北的任务，是建立根据地，否则，我们就有可能站不住脚。"并及时提出了把东北的工作重心放在距离国民党占领中心较远的城市和广大乡村方面，"让开大路，占领两厢"，发动群众，建立巩固的根据地，逐步积蓄力量，准备在将来转入反攻。合江省的广大干部根据党中央和东北局的指示，积极开展建立巩固的东北根据地的各项工作。进驻集贤的民运工作团广泛发动群众，搞反奸清算、扩军、建政、剿匪等，逐渐打开了局面。

经过长期艰苦的斗争，终于把一个政治混乱、经济凋敝、土匪猖獗、民不聊生的集贤，建设成为一个巩固的战略后方，支援了全国解放战争和抗美援朝，并在武装斗争、剿匪除霸、土地改革、发展生产、政权建设、党的工作等方面做出了巨大贡献。

第二节　土地革命

在半封建、半殖民地的旧中国，土地制度极不合理。"土改"前，集贤县有农户12 276户，农业人口62 960人，土地404 849.73垧（小垧），其中地主、富农1 543户11 727人，占有土地311 405.49垧，人口占总人

"土改"前太平镇第一次贫农代表会

口的18.6%。而土地占有量占土地总面积的76.9%。贫雇农8 218户35 318人，户占总数的67%，人口占总人口的56.2%，占有土地33 223.35垧，土地占有量仅占总面积的8.2%。如集贤镇永发屯大地主何梦麟家，有熟地800多垧，并占有荒地无数，本村有100多户贫苦农民租他家地，租住他家的房屋，更强征租地（房）户给其扛活，修筑水坝，让一方人民苦不堪言。在集贤解放后，农民群众强烈要求建立农民自己的组织，迅速改变原有土地制度，改

变土地苦乐不均的状况，实行"耕者有其田"。

1947年6月，中共集贤县委和县政府，按照党中央的指示和广大农民的要求，分别在城郊区东宋屯和永安区新民屯进行了土地改革试点。首先建立农民会，发动农民"砍倒大树挖穷根"，斗地主、分田地。城郊区东宋屯有78户，土地470垧，其中地主、富农10户，占有土地378.1垧，占全屯总地数的80.4%；永安区新民屯71户386人，土地392.6垧，其中地主、富农16户132人，占有土地319.3垧，占全屯总地数81.5%。试点工作队按照党中央指示，组织当地农民进行了土地改革，斗争了地主，抽分了富农，把全屯土地平均分配。试点得到了合江省委的重视，张平之（张闻天）书记亲临这两个试点屯进行视察和指导，更加鼓舞了农民斗地主、分田地的斗志，后来按照党中央1947年10月10日公布的《中国土地法大纲》衡量对照，合乎党中央要求。试点上的工作带动与指导了全县的土地改革运动。此后，在全县190个屯都建立了贫雇农会，划定阶级成分，全县斗争地主663户，富农841户，伪官吏27户。

土地改革运动中并非一帆风顺，有的被斗地主、富农暗中勾结或指使亲信打入农会，篡夺领导权，疯狂向贫雇农进行反攻倒算，手段非常狠毒。但面对诸多困难，政府与农民合力克服，被镇压的恶霸地主、匪首及罪大恶极的警察特务共63人，其中被群众斗争时打死18人，枪毙45人。土地斗争的胜利果实有：平分土地80 805.13垧，房屋5 657.5间，耕畜2 997头，大车16辆，粮食2 800石，浮财物折合现款1 109 838.492元（东北币），金子148.90两，银镯子30个，银子3 349两，银圆2 977块，现款1 215 000元（东北币）。除土地、牲畜、房屋、粮食、浮产、大车等物全部分给雇农外，还将金银变卖为现款，加上原有"土改"果实中的现款，购买了523头耕畜，240套棉衣，分给无耕畜和无棉衣的贫困户。使广大贫雇农在政治上当了权、经济上翻了身。但也有个别屯因斗争不彻底，党的土地改革工作对领导贫雇农重"煮夹生饭"，对地主重新斗争，又起许多浮财。如城区重新斗争大地主赵秉维、赵秉山时，起出4两半金子，一支枪，1 300多发子弹，其后又斗争两次，又斗出5两7钱金子，0.7斤银子，最后又斗了一次，斗出600块银圆。通过"煮夹生饭"，才彻底打垮了封建制度，进一步巩固了人民政权，真正树起了贫苦农民的优势。

1948年1月，按照党中央关于纠正"土改"中"左"的偏向的指示，我县开始了纠偏工作。县委为了进一步地团结中农，向各区委发出了《关于补偿中农问题的决定》，规定："在这次最后确定阶级成分中，应坚决贯彻纠偏，补偿中农的政策。补偿标准以达到本屯翻身的贫雇农的标准为尺度。主要帮助解决牲口、房子、冬衣等问题，使其得以发展生产。达到这一标准的，应着重在政治上团结，即参加农会以及有适当比例的代表参加村政委员会，而在公粮、支前负担上做到公平合理。"通过纠偏，将原错划为富农的345户改为中农，并补偿了牲口、房子等。各村政委员会都补选了中农代表当委员，使广大中农对党的政策托了底。

土地改革运动彻底摧垮了封建的土地制度，改变了旧的生产关系，解放了生产力，极大地调动了广大农民的生产积极性，推动了全县农业生产的发展。1948年"土改"后的第一个春天，县委、县政府为扶助翻身后的农民开展大生产运动，曾拨出80万元贷款和643.7石小麦、水稻、大豆等种子及200头牲畜，贷给123个屯中的生产有困难的贫雇农户，并给缺粮吃的贫雇农解决部分口粮，从而保证了春耕生产的顺利进行。同时县派党政干部和工作队深入各村屯，帮助农民组织各种类型的互助组，开荒种地，组织农民互助生产。为了激励农民生产的积极性，县委还针对农民中存在着的各种不同思想，提出了"努力生产，发家致富""插犋换工两有利，组织起来出活计"的口号，广大农民积极响应，努力生产，掀起了大生产的高潮。秋后获得了"土改"后第一个丰收年，粮食产量比"土改"前提高一倍，家家户户粮满仓。农民兴高采烈地赶着大车送公粮，并第一次用大车拉回买到的可心布匹、棉花和日用生活物品，个个畅谈翻身后的幸福生活，人人感谢中国共产党。此年冬，县委、县政府又帮助农民广开副业生产门路，组织农民大搞编织、狩猎、拉脚、上山采伐等，掀起冬季副业生产高潮，增加农民收入，为次年扩大再生产积累资金。年底涌现出40多名"好庄稼人"和模范干部，县委、县政府召开了模范奖励大会，给"好庄稼人"和模范干部披红戴花，并总结交流大生产运动的经验，开展了生产竞赛。会上奖励给"好庄稼人"和模范干部以高头大马、农具和衣物等奖品，鼓舞了广大农民努力生产的积极性，同时掀起了备耕生产高潮。1949年春节，各村屯农民都排练了文艺节目和秧歌，欢庆翻身解放，欢庆丰收年。同年，全县依自愿互利的原则，组织了2 125个劳动互助组，挑选"三大硬角五合手"，开展生产竞赛，并订立了生产公约。有的自动联合，组成较大互助组，生产一年比一年好，产量一年比一年高，人民生活一年比一年富裕。

第三节　锄奸反霸

1946年，国民党一方面调动大批反动军队进攻东北解放区，一方面派遣特务打入解放区各级党政军机关和企事业单位、人民团体充当内奸，窃取情报，策动叛变，组织暗杀，造谣惑众，瓦解我党、政、军组织。

为了消除隐患，篦除虮虱，保证土地改革和解放战争的顺利进行。1946年夏，在县委领导下，根据不放过一个坏人，不冤枉一个好人的政策，采取发现线索、一追到底的策略，由县公安局负责，在全县范围开展了一场锄奸肃特工作。

"土改"后（1948年）老区群众踊跃送公粮

首先建立起锄奸肃特组织机构。县公安局负责全县锄奸的组织计划，县直各军政机关设专人负责锄奸工作，各区设公安助理员，村设公安委员，村下设锄奸组，平均每15户设1名锄奸组员。挑选组员的条件：1.阶级成分好，历史清白；2.在"土改"斗争中一贯积极；3.政治立场坚定；4.能遵守纪律，严守机密；5.作风正派，办事公道，遇事机警。

锄奸肃特的工作任务：1.发现和收集暗藏在国民党地下军、土匪、封建团体、敌伪军警宪特分子的各种破坏活动情况；2.搜集各阶层群众思想、政治活动动态；3.对群众进行反奸细教育，提高群众的反奸认识；4.抓捕证据确凿的特务、奸细。

锄奸组织建立后，在广大群众的配合下，各军政机关、人民团体都在内部结合政治运动积极进行了侦察工作，到1947年12月基本肃清了我军政机关内部和各区、村暗藏的敌特分子，处决首恶分子16名。

锄奸肃特工作，粉碎了国民党特务的策反、叛变阴谋，纯洁了我军政机关组织，巩固了人民政权，取得了对敌斗争的经验，保证了"土改"斗争和解放战争的顺利进行。

第四节　剿匪斗争

日本侵略者投降后，苏联红军进驻集贤镇设红军司令部，并在火烧屯等交通要道设立关卡；集贤镇等城镇相继由当地绅商组建起维持会。但除苏军设司令部的集贤镇外，一时都呈无政府状态。11月土匪逐渐兴起，经常窜进抢劫民财、残害无辜、奸淫妇女、骚扰地面，破坏"土改"、杀害军政人员。

1946年11月，政治土匪李延会在大叶沟修建防御工事，叫嚣要和八路军决战，并派人给我军送信，声称：要我军赶快投降，否则就采取行动。以此激我军出击，妄图在大叶沟消灭我军。当时，县独立团决定，由三个步兵连和一个骑兵连组成剿匪战斗队，由团长汤生昌率队出击，计划在黎明前赶到大叶沟，摸进土匪老巢，以全歼之。由于四连行动迟缓，贻误了战机，到大叶沟后，已是天明时分，加之敌情不清，地理不熟，且带兵者有些麻痹大意，误入了土匪包围圈，遭敌伏击。团长汤生昌遂带领指战员奋力冲锋，但土匪早有准备，又占据了有利地形，我军经奋勇冲杀，有百十人突围，余者或牺牲，或被俘，团长汤生昌光荣牺牲。

1947年12月15日，土匪李延会被捉，12月28日在富锦县城处决。

在剿匪斗争中，县公安机关曾多次深入群众侦察匪情，为部队剿匪提供情报40余件。在李延会匪帮占据兴隆镇时，公安局派出的行商小贩李志春遭枪杀。1946年冬，孟超副局长又亲率两名侦察员化装潜入匪穴兴隆镇侦察敌情，冒险完成任务后返回。由于将侦得情况提供给剿匪部队，我军攻打兴隆镇李匪时取得了胜利。1946年冬，土匪刘某某等二人潜入县城集贤镇，在牟德考大烟馆被公安局侦察员张凤坡机智捕获。被公安局捕获的残匪、流窜散匪达三十余人，为防止死灰复燃，公安局对捕获和俘虏的匪徒办过两次学习班，教育改造了142名被俘和自首土匪。

县公安局在剿匪期间，发动群众，结合"土改"，逐步控制阵地，使土匪失去活动地盘，无处立足。从1946年夏起，首先在县城建立户口、路条制度，组织民兵队、治保会、妇女会、儿童团，发动群众，盘查行人，监视坏人。凡"土改"工作队所到的村屯，都建立起巩固的农村阵地，到1947年秋，全县各村屯都进驻了"土改"工作队，大股土匪被击溃后，零散土匪再也不敢接近村屯，纷纷被迫自首投降。1947年冬，"土改"进入高潮后，境内土匪已完全绝迹，人民过上了安居乐业的好日子。

第五节　支前工作

"土改"运动推翻了封建地主的统治和剥削，改变了封建的土地制度。全县农民分得了土地，彻底翻了身，支援解放战争的政治热情空前高涨，都以参军、参战、打老蒋的实际行动支援前线，巩固人民政权，保卫

万人集会庆翻身

胜利果实。1946年6月至1947年9月，全县有2 020名青壮年农民参加了中国人民解放军，占全县当时总人口的2.8%。

1948年3月11日，县举行两万多人参加的热烈庆祝解放战争

伟大胜利大会，大会期间就有448名青年农民自动报名参军，其中，村屯干部31名。沙岗区烧锅嘴屯是个有20户人家的小屯，当场有10名青年报名参军。各村屯都出现了干部带头参军，父母送儿子，妻子送丈夫，兄姐送弟弟参军保国的热烈场面。城区模范军属王老太太送儿子参军后，又动员女婿参军。城区复兴甲老刘家刚结婚不到20天的新媳妇动员丈夫参军，被传为佳话。同年，全县出担架60副、240人，出支前大车30台，均圆满完成了支前任务。支前工作中，涌现出6名支前模范，42名支前功臣，受到了部队和县委、县政府的表彰奖励。全县还做军鞋3万双，献干菜42 024斤，献乌拉草90万斤，还献出大量的铜铁支援前线。秋收后，全县农民都积极踊跃送交公粮。

第六节　战例五则

1.独立团深山剿匪，革命志士为国捐躯。

1946年农历十一月初二夜，黑得伸手不见五指。县独立团团长汤生昌率领独立团步兵一连、警卫排、骑兵连共计170多人，由三门周家村民兵孙富、韩凤平带路，从升昌出发直奔大叶沟围剿土匪李延会。

次日，太阳刚冒红，队伍就到了大叶沟沟口，当队伍刚要进沟时，迎面来了一个人名叫周殿元，当时不知道他是干什

独立团团长汤升昌

么的，其实是土匪探子。走在队伍前面的一连连长徐子良见到周殿元后感到有些可疑。徐连长没有询问他，当即报告了汤生昌：

"前面来了一个可疑的人。"汤生昌骑着一个油黑的大洋马迅速来到这个人面前，非常严肃地问周殿元："你是干什么的？"他说："来这捡黑菜的。"其实这个季节到深山老林里采黑菜是不可能的。汤生昌也觉得很可疑，用撸子指着他脑门说："你说土匪有多少人？"他说："里面有30多人。"然后又假装关切地说："你们别走山头，山头有地枪。"其实土匪有80多人，他不让走山头，就是要让部队从沟底进去，陷入土匪的埋伏圈。

汤生昌询问了周殿元之后，又往前走几步，发现有几堆还在冒气的马粪。于是他判断土匪就在附近，认为只有30多人，不费吹灰之力就可以消灭他们。这时汤生昌派骑兵连连长郭振海带领骑兵连顺着大路冲上去，汤生昌骑着高头大马非常勇敢地冲在骑兵连的前边。可是敌人早有准备，埋伏在树棵子里，独立团看不见他们，可他们对独立团的行动却看得一清二楚。当独立团的骑兵冲上去的时候，敌人的机枪、步枪、"土台子"一齐开了火，战斗一打响，周殿元就趁机溜了。因敌人的火力太猛，骑兵连不得已暂时撤了下来，在沟口打下马桩子。后来汤生昌带领一连又冲了上去。这时，敌人从四面八方向一连开火，独立团的战士们已误入了敌人的埋伏圈，当时团部参谋范正石对汤生昌说："不能这样打，必须占领山头，否则就要吃亏。"骑兵连连长郭振海对汤生昌说："我带领骑兵占领一个山头。"可汤生昌却不同意他们的意见，说："就这么几个小土匪好打，大仗我都打过无数个，何况这么个小仗了。"

当队伍进入敌人的埋伏圈时就冲不上去了，敌人的火力非常集中，独立团当场牺牲了很多同志。这时，汤生昌火了，随手就把警卫员王庆荣的大镜面匣子拿了过来，单人独马向敌人用石头砌在大叶沟北面山头上的碉堡冲去，这时，敌人碉堡里的土台子向他开了火。当即就把汤生昌打下马来，他骑的那匹马自己跑了回来。汤生昌胸部、腹部、胳膊都中了"土台子"打出的铧铁，匪枪也被打掉了，英勇善战转战南北的老红军，在这场剿匪战斗中献出了宝贵的生命。和他一起牺牲的还有一连连长徐子良。因许多同志和指挥员都牺牲了，再加上敌人火力很猛，无法攻打，剩下的同志只好撤了回来。

县独立团的这次剿匪，虽然失败了，但是给土匪也是一次沉重的打击。县独立团撤下后，紧接着合江省军区老五团、骑兵大队等紧紧追击李延会匪队，在短短的几天内就把李延会匪队彻底消灭。

大叶沟剿匪牺牲的烈士：

王德福　徐子良　姜凤歧　李景龙　王守义

刘兆清　翟井林　杨玉宝　王景贵　顾庆发

周玉文　王光前　史　贵　王长江　付　国

2.消灭"李大头"，奇袭"阎二螃"。

1946年春，跑桃花水时，侦察员报告："土匪李大脑袋正在岭东何老鞑子沟活动。"县大队接到情报后，决定派县大队长杨国柱带两个中队，还有太平区（今升昌镇）中队长张祥带区中队，区联防大队长孙富带三门周家民兵共100多人去攻打李大脑袋。县大队将这些人都集中在太平区，连夜出发，直奔何老鞑子沟。当队伍将要接近何老鞑子沟时，队伍分三路埋伏起来。县大队牛中队长带领30多人，埋伏在西葫芦头沟，杨大队长带30多人埋伏在宝山打阻击战，张祥和孙富带区中队和民兵埋伏在东葫芦头沟。晚8点钟左右，岗哨向张祥队长报告："何老鞑子沟有狗叫、马叫声，有情况。"这时张祥队长当机立断，向埋伏在三处的队伍做了周密的安排，大约过一个多小时后，土匪李大脑袋马队30来人，从何老鞑子沟直奔东葫芦头沟而来，区中队和民兵们先和敌人接上火，埋伏在西葫芦头沟的牛中队长听到枪响，立即带队伍奔向东葫芦头沟。敌匪骑着马暴露在外，咱们的队伍埋伏在暗处，这场战斗很快就结束了，打死土匪30多人，李大脑袋被当场击毙，其他土匪仓皇逃命。

1946年秋，兴安区人民政府刚刚成立，土匪就来骚扰。当时，区政府办公地点设在兴安一个三间草房内。区政府共有十个人，其中区长一人，工作人员八人，另外还有一个炊事员。从山东抗日根据地调来的毛有连担任区长，他当时只有二十七八岁，个头并不高，左手使枪，打起仗来非常勇敢。一天下午，毛区长正领着区政府干部开会，研究如何反奸清算，发动群众对敌斗争。这时，突然来个老百姓送来一封信，内容是：队伍已进驻保安屯，今晚去你区政府缴械。这封信是土匪头子"阎二嗙"写来的，他这支土匪队伍共有100来人，阎匪气焰很嚣张，因为他知道区政府只有10个人，根本没放在眼里。他自以为区政府人员少，武器又不佳，根本不敢和他们较量；若真的打起来，别说对抗，就是搬援兵，去县里送信也来不及，因交通不方便，道路不好走。接到信后，会议内容就转到这信上来了。毛区长说："大家也都知道了，土匪阎二嗙让咱们缴械投降，大家谈谈咱们怎么办？"当时毛区长非常冷静，一点胆怯的表情都没有，他瞅瞅大伙，谁也没吱声。他接着又说："目前形势紧张，摆在我们面前的只有三条路：一个是束手待毙。但我们是共产党人，是领导群众翻身求解放的，即使是赴汤蹈火也在所不辞，怎么能够束手待毙呢！另一个是跑。如果我们把群众丢下不管，自己跑了，群众会认为我们是什么人？以后群众还能发动起来吗？那样，我们不但在群众中丧失了威信，就是土匪也认为我们好欺负，今后他们就会更猖狂了。最后一个就是打。"毛区长斩钉截铁地说："打，打他个措手不及。"

当天夜里八九点钟的时候，夜黑得伸手不见五指，秋风呼啸，吹得庄稼和树木沙沙作响。队伍已悄悄地进了村，刚一摸进村口，村东头小马架子里出来一个男人撒尿，摸到他跟前问他土匪住在哪里？他吓了一大跳，拔腿就往屋里跑，跑进屋急忙把门闩上了。队伍又继续往前摸，当摸进韩家大院时，看到杖条院子上拴着许多马，屋里还有亮，屋里有的土匪在抽大烟，有的呼呼睡大觉，还有的在吃夜餐。毛区长把人布置好后，他带一个人摸到房门跟前，把门拉开一看，有个土匪正在烙饼，身上还背着子弹袋。毛区长随手就给他一匣枪，立刻把门推上，转身一个箭步穿到有亮光的西屋窗户跟前，随手扔进去一颗手榴弹，紧接着另一个同志也扔进去一颗手榴弹，这时，屋里土匪就炸营了。毛区长边往屋里打枪，边高喊：机枪排往屋里射击，三排封住村口，别让土匪跑了，四排往东打。毛区长为了威慑敌人，造成更大的声势，他就转圈喊。敌人也不知道来了多少人，都吓蒙了。敌人最怕"大口条"，毛区长是山东人，他用乡音转圈喊，敌人也就以为老八路的队伍攻上来了。住在其他地方的土匪也开枪了，形成了他们自己打自己的局面。"阎二嘚"不知道队伍有多少人，慌忙指挥土匪逃跑。

枪声停止以后，毛区长带领大家搜剿残局。有一个土匪把枪扔了，跑到老百姓家给跪下了，求老头救他，让承认是他自己的儿子。当搜查到这家时，这个匪徒正抱着小孩在炕沿上坐着，有点发毛，赶忙下地，很不自然地回答问话。经过询问，漏洞百出，最后土匪不得不承认了。他当即给毛区长跪下哀求地说："长官饶命！"毛区长说："把他捆起来！"于是就把他五花大绑地带走了。

当搜查到村东头时，晨曦已铺满大地，炊烟缕缕升起。突然听到枪声，原来是在村附近的坟丘子跟前隐蔽着两个被打伤的残匪，以为发现了他们，便负隅顽抗，垂死挣扎。队伍从三面包围上去，结果了两匪性命。经辨认，其中有一个就是土匪头子"阎二嗙"。

这次剿匪，虽然只有十个人对付上百个土匪，却打了大胜仗，缴获长、短枪20多支，战马10多匹。

3.土匪王福队覆灭。

1946年1月，二十六团奉合江省军区的命令，从富锦县出发，兵分两路，北路由刘参谋长率领到江北一带剿匪，另一路由杨占奎团长和政治部主任张建扬率领走南路，到悦来镇一带剿匪。

腊月二十晚上，忙碌一天的人们早已进入了梦乡，喧嚣的小镇也静了下来，这时外面传来了哨兵的盘问声，接着就是一声"报告"，指导员盛春发给团首长敬过礼对那个农民介绍说："这是杨团长和张主任。"老乡听后急切地说："长官，赶快派人打土匪吧。"盛春发同志接着汇报说，在南门查岗时遇到了这位农民，经查问名叫赵生，是从东板子房赶来报告匪情的。赵说："夜里匪首王福带领20多名匪徒突然窜到屯'打尖'过夜，他们四处抢钱抢粮，抓猪抓鸡，打骂群众，弄得全屯鸡犬不宁，人心惶惶，我乘土匪不注意，冒着生命危险，特地赶来报信，求团长立即出兵打土匪，为民除害。"

经过认真周密的考虑，深入的研究讨论后，杨团长决定带领100余名战士冒着风雪，向苏家店方向奔去。黎明前队伍到了苏家店，这里沟沟坎坎，雪壳子又深,杨团长亲自到各处查看，指挥战士们挖好埋伏坑后，才满意地回到警卫员的身边，埋伏在大雪壳子里。

东方破晓，流窜在东板子房的匪徒们，吃过早饭，携带着抢来的钱物乘坐着4张两套马的爬犁，出村来了。匪徒们没精打采地抱着枪，东倒西歪地龟缩着倒坐在马爬犁上，只有赶爬犁的时而转过身望望路。爬犁在向前移动，距伏击地越来越近了。

突然一声枪响，这是杨团长发出的冲锋令。随着枪响，战士们猛地从雪中跃起，扑了上去，"不许动？缴枪不杀！"的喊声惊天动地。指战员们如神兵天降，用枪逼住了众匪徒，爬犁上东倒西歪的匪徒们被这出其不意的进攻吓呆了，忘了开枪，连神志还没清醒过来就糊里糊涂地做了俘虏。这次伏击俘虏了匪首王福等20多人，缴获轻机枪2挺、手枪9支、步枪20余支、子弹1 000余发。

胜利的喜悦，冲走了人们身上的倦意，冲去了寒冷和冻伤的疼痛，押着俘虏和战利品，迎着凛冽的西北风，迈着矫健的步伐，胜利地返回悦来镇。

4.追剿土匪李延会。

1945年11月，曾在伪双鸭山富安煤矿警备队当过班长的李延会，伙同任德志等8人携带7支步枪，来到兴隆镇，与维持会长高巨川接头，高欢迎李来兴隆保护地面，并把这支武装队伍叫自卫队，李自封为队长，时间不久被大同盟收编，李延会仍是头目，人们都叫他李队长。

李延会于1928年在勃利县小石头河子金矿时，参加了东北军第二十八军六百八十一团一营四连当战士。1934年依兰县土龙山农民掀起抗日风暴，八虎力保董大地主谢文东窃取暴动领导权后，暴动队伍编为抗日联军第八军，李延会被提为八军四师副师长。1939年李延会投降日军，到佳木斯四合屯伪警察队当警察，1942年转到佳木斯特务机关当特务，后派到双鸭山富安煤矿警备队任班长。

李延会在兴隆镇建起自己大队后，合江省委为了收编改造地方武装，保卫地面秩序，李延禄同志曾多次给李延会去信劝他接受共产党的领导，编入三江人民自治军，当时李表面同意，实质不同意。

李延会为了筹建骑兵队伍，4月末，有一个叫李少白的人，从日本人手里抢来20多匹大洋马，路经兴隆，夜宿维新屯，李闻讯后，派刘玉山带领10余人包围了李少白队伍，双方开始激战10几分钟后，李少白队人往外一冲，被刘玉山指挥队员潘德力一枪将其打死，其余20多人举手投降，这20多支枪和大洋马，都落到李延会手中，然后，李延会又从各屯强征马匹和鞍子，建起30多人的骑兵队伍。后被依兰国民党第十五团上将司令谢文东加委为中央先遣挺进军八十五师二团团长，李延会彻底背叛了人民。

1946年5月经合江老五团，接集贤公安机关侦察情报，掌握其李延会匪队在双鸭山境内四方台一带骚扰，五团迅速出动两个营兵力，分两路包抄四方台，由团长吴学玉，政委齐道全指挥，三营长孙为、二营长黄登忠在四方台南青山发现土匪正在埋锅造饭，我两路部队火速发起攻击，战斗打响后，匪徒们乱作一团，乘混乱之机逃窜林内跑掉，战斗结束我军受有轻伤，李匪骨干任德志以下数名匪徒被击毙。

同年6月县公安局成立不久，合江省委命令五团攻打兴隆镇，消灭李匪。县公安局长孟超奉命先行侦察敌情，孟超立即率侦察员张风坡，警卫员尚崇昌奔赴兴隆镇，孟超同志化装商人，只身混入兴隆镇，他先在街上逛一圈，然后进入饭店点两盘菜，买三两酒，边饮边观察，边和酒客搭议上了，从言谈中摸清了李匪的人数、枪支装备、火力分布等情况，由于李匪在一个月前曾被我二十六团四连迎头打击过，如惊弓之鸟，所以防守很严，这时孟超已被匪徒注意，后来乘借火点烟之机步出饭店，屈身钻进镇西北高粱地，孟超胜利归来，为我军攻打兴隆镇提供了重要情报。"孟超夜探兴隆镇"，被人们传为佳话流传。

1947年3月，李延会率领残匪，又在三门周家一带骚扰，破坏"土改"运动，太平区政府和区农会为保卫政权、保卫"土改"，派工作队长刘文胜，区农会主席徐友贵带领区中队一班战士到三门周家组建民兵，但尚未开展工作，当晚便遭土匪袭击，当时还击，徐友贵牺牲，残匪逃窜。

1947年12月15日，李延会逃至宝清七里沁子荒原中，被宝清县剿匪部队活捉，后押解至富锦县，12月28日在富锦县城被斩首示众。

5.剿匪记。

1947年冬季特别冷，西北风夹着大雪，一连几天不开晴。集贤县大队120多名指战员奉命参加了剿匪战斗。在一个寒风怒吼的日子里出发了。第二天清晨路过富锦县城时，正赶上1948年元旦，街道两旁儿童燃放鞭炮以示庆祝。战士们乘坐的爬犁，前头不时钻到雪壳里，三匹马拉一张爬犁只坐七个人（老板一人）马拉起来还很吃力。到富锦县二屯才换了雪橇爬犁，部队到同江县快与敌人接近时，进行了短暂休整和战斗动员。这时听到老乡们对刘洪山、尤鞑子这些土匪罪行的控诉：他们曾打死我们不少干部和群众，把一位老革命干部富锦县张县长也打死了，还残忍地割下头吊在电线杆上。战士们听后都怒不可遏，恨不得把敌人抓住一口咬死。怀着满腔复仇的怒火，当夜出发了，到街津口时却扑了个空。

在街津口又了解了敌情，倾听群众控诉。一天，在一块丘陵地树林中宿营后一早出发不久，大约走出五公里，就发现了土匪的踪迹。看样子他们是刚从地窝棚逃走，锅底下火还在燃烧。爬犁在灌木丛中行走不便，敌人又是骑马逃跑的，于是大队长决定，抽出50名战士组织突击队，骑马追击，直追到下午2时才和敌人接上火，打了一阵子，土匪在林边丢下四具尸体便慌忙逃窜了。在这场战斗中一排三班副班长、共产党员尹秀章同志英勇牺牲了。战士多数是第一次上阵，杀敌心切，有的战士马没来得及拴就和敌人打在一起，结果五匹马被土匪马群裹去。牺牲一名战友，又加上丢了几匹马，更让我们怒火满腔，踏着没膝深的大雪，向敌人追去。追出五六里远，夜幕降临，因地形不熟恐遭伏击，鸣金收兵了。

从此，在几百里茫茫草原上，披星戴月和敌人周旋了多日。一天，哨兵在子夜时分，隐约发现敌人营地火光，立即全速前进，敌人听到风声慌张逃跑了。宿营地丢下一堆火，还有炒的玉米花，杀的一匹马，烤熟的马肝还没来得及吃，敌人逃过一片丘陵地便是开阔的草原，为了尽快消灭这股顽匪，抽调15张爬犁，组织一支由大队长杨兴奎率领的突击队，配备两挺轻机枪，追出20多公里，到下午2时才追上敌人。战斗打响后不久，后续部队也相继赶到，成半月形向敌人扑去。土匪见大队人马铺天盖地的压过去，手忙脚乱，枪都打不响了。他们背靠一条大河，无退路，骑上马兜两圈，想突围已经没有希望了，无奈转过马头跳到河里。三九天河水下沉，两岸高，河冰上的雪被风吹到一侧，明冰上偶尔积上一层薄雪，匪帮在冰上东倒西歪，上岸又上不去，走进了死胡同，到了绝路。战士们很快接近了敌人，猛打猛冲。敌人有的从马上摔下来，又哭又嚎，拽马尾巴跑，也没逃脱性命，成了瓮中之鳖。这次战斗又打死三名土匪，活捉七名。被活捉的土匪中有一名姓张的，年仅24岁，同江县人，当过伪警察，解放军抓住他三次，放他三次，仍不悔改。后来俘虏都送交当地政府处理了。这伙为匪多年的亡命之徒，终于被一网打尽。

第四章 抗美援朝

抗美援朝 保家卫国
毛泽东

第一节 集贤的卓越贡献

1950年6月，朝鲜战争爆发，以美军为主的联合国军参与其中。美国妄图以朝鲜为跳板，进而侵略刚刚成立的中华人民共和国。为帮助朝鲜人民抗击美帝国主义的侵略，保卫我们的国家，中共中央和中央人民政府向全国各族人民发出"抗美援朝，保家卫国"的号召，同年11月25日，中国人民志愿军，跨过鸭绿江，同朝鲜人民一道，抗击美帝国主义的侵略。1950年冬至1951年2月，全县自愿参军赴朝鲜作战的新兵共538人，1950年冬组成集贤县第一支抗美援朝志愿担架队，队员共200余人，赴朝参战。在朝近两年，多次荣获志愿军总后勤部等上级机关奖励，被评为模范担架队。

1951年春，中国人民抗美援朝总会集贤分会成立，分会号召并组织全县人民推行爱国公约，开展捐献武器运动，开展群众性的优抚工作。全县献干菜4万余斤，做军鞋35 000余双，缴纳爱国公粮18 210吨，认购爱国公债17 500分，接受志愿军伤员200余人。

1951年4月，全县人民响应中国人民保卫世界和平大会的号召，展开和平签名运动，签名人数达5万余人。6月，县分会组织全县人民开展捐献武器运动，到1953年5月，捐献武器款97 722万元东北流通券，比原计划超出27 722万元。全县人民怀着高度爱国主义和国际主义热情，踊跃参加。工人和机关干部利用节假日割地、托坯、抹墙、装车等劳动收入捐献。小明甲屯支部书记刘文彬带领全村人民奋战四个月，超额31万元完成捐献计划；张升屯老康头一家自愿捐献500斤小麦；东新发村治安屯军属老尹太太将卖掉自养肥猪所得都捐献给国家；小学生将捡粮和参加锄草劳动所得全部捐献。全县231户工商界人士共捐献13 325万元。用上述款项，购买集贤号大炮一门，金融号飞机一架，献给了中国人民志愿军。

1950年11月，集贤县受命接收治疗朝鲜战场运回后方医院的伤病员。

那时，有大连医学院的三名同学，中国医大药学院的二名同学，有的留在县医院院部，有的分配到一、二、三所。当时的集贤为松江省的粮仓之一，有人编了一个顺口溜："高楼三所是集贤，烟囱七个耸蓝天，既是革命英雄地，又是北方乌克兰。"

可时近1950年底伤员仍未到来。这时，县委决定选派渡江入朝追赶集贤担架大队担任医生工作。情况紧急，被选派的医生第二天早6时就出发了。到了鸭绿江边看到对面的朝鲜国土上，敌机狂轰滥炸，硝烟弥漫，火光冲天，山河破碎，一片焦土。而鸭绿江这边中国的土地上依然是阳光灿烂，山河锦绣，秩序井然，就更加坚定了抗美援朝保家卫国的决心。在集安待命渡江时开始了护送伤员，在炮火硝烟面前，满怀对美帝的仇恨，对朝鲜人民的同情，忙忙碌碌、来来往往，护送伤病员，为抗美援朝、保家为国作贡献，人人心里都有说不出来的高兴。

1950年12月29日，一个严寒透骨、风雪交加的夜晚，医务人员随着作战部队趁风雪夜黑，渡过敌机封锁的鸭绿江。登上朝鲜的土地，迎头就遇上敌机的扫射和轰炸，成为入朝后首次战斗洗礼。

敌机疯狂地扫射轰炸，封锁江界、集安一带江面，经过几天联系，江界的军代表也不能确定松江省各大队的驻防位置，只说可能在阳德或元山方向。因此，只好搭军车向前进发，有时白天也沿公路步行，到沿途兵站寻找松江省各大队，询问集贤大队在哪里。

入朝参战的部队和战勤人员，营、团、大队数以千计，又都分散在各地，且是战火纷飞，今天在这，明天就在那里。在这种情况下，要想找到集贤大队太难了。从江界出发，逐个兵站去寻觅，并未找到准确地址。但据松江省掌握的情况是，肯定松江省各大队不在西线，而是在中线或东线。

在中线和东线寻找集贤大队，先是步行，后是乘汽车、火车，火车不通了又改步行。一天傍晚，来到一个兵站，义不容辞的担当起抢救伤员的任务。约两周，兵站仍不能了解到松江省各大队的信息，提出能否留在兵站担任医疗抢救伤员的工作。医务人员婉言谢绝，表示要继续寻找队伍。

一次兵站机关开会，有人说松江省的汤原大队在志愿军后勤部四分部，驻在阳德一带，集贤大队很可能也在那里。约一个星期后，得知集贤大队在智水。数天后，告别兵站的领导和同志们，又踏上寻觅集贤担架大队的第二征程。

走一两天之后，经兵站介绍，集贤大队就在前面下大公路北行数里许的智水里。向东北方向依山近林的村庄走去，走近后看到有队伍，上前一问，说的是北方话，正是集贤大队的一个下属中队。中队的同志们听说是集贤来的医生都围上来问长问短，送水送烟，非常想听到家乡的情况。在烽火连天的朝鲜战场上，由西向东，又由南向北，历时五个多月的跋涉，寻觅自己的队伍的艰难历程终于结束了！

1951年夏季，为了准备新的战役，要将中线阳德一带的1 500名伤病员用三列专车运回祖国。本来从阳德到安东（丹东）只要1—2天就足够了，为了躲避敌机轰炸，只能在夜间运行，白天在山洞隐蔽。轻伤员可白天上山隐蔽，重伤员只有留在车内，换药检查和抢救治疗。

青川江是敌机的封锁线，列车在一个月明如洗的夜晚通过青川江大桥。突然一串红色火光在天空闪现，肯定又是敌机扫射列车了！有人喊："空袭了，大家都不要乱动！"不一会儿，火星闪动，敌机扫射声和高射炮的轰鸣声搅成一片。有轻伤员不知列车是运行在江桥上面，要往下跳车，连忙呼喊着加以制止。

经过七天七夜的艰险历程，终于到达安东。在安东和五龙背接交了全部伤病员。渡过了七个不眠的日日夜夜，太困了，或坐或卧地竟睡着了。

在安东休整后，乘坐运粮食的列车返回朝鲜，粮袋上印有"粮食"的字样，松江省和东北人民派出自己的优秀儿女，拿出最好的粮食和物资在支援着前线，期待着英雄的儿女们打败美帝野心狼。

集贤大队自1950年秋入朝参战以来，在大队党委的正确领导下，服从命令，听从指挥，准确无误地完成了各项战勤任务。战斗中英勇顽强，上下团结，伤亡最小，成绩突出，战严寒，斗酷暑，在敌机狂轰滥炸下始终斗志昂扬，坚守战斗岗位，为祖国，为集贤人民立下了不可泯灭的功勋，被志后第四分部司令部和政治部评为最优秀的大队之一，并授旗嘉奖，为松江省，为集贤人民争得了荣誉！

第二节　集贤担架大队赴朝参战

1950年12月7日，集贤县成立了担架队，下辖两个大队、三个中队。12月10日担架大队到达祖国边城——鸭绿江畔的集安。到集安后队员进行休整，补充给养，进行出国前教育，做出国前的各项细致准备工作，东北人民政府民政部副部长刘宝田同志召开将赴朝的6个大队领导干部会议，下达了具体任务。

1950年12月10日晚6时，一列火车从祖国的边城集安驶出，列车驶过鸭绿江桥，满载着中朝人民的友谊，满载着祖国儿女的豪情壮志，离开了祖国，开进了朝鲜国土。

1950年冬雪很大，积雪有一尺多厚，每个人的身上都披上一块白布，趴在雪地里和白雪一样。刚刚隐蔽好，突然空中传来一阵闷雷似的隆隆声，4架"野马式"敌机由远处飞来，从人们的头顶上飞速掠过，进行轰炸和扫射。飞机盘旋、马达声、爆炸声、机枪扫射声，交织在一起，打破了山谷的寂静。一阵狂轰滥炸之后，4架敌机讪讪地飞走了。

队伍向云松洞进发。来云松洞后，野战医院杨院长和民运股孔股长热情接待和交代了任务，就是随该院二队转运伤员。

接受任务后，从云松洞出发经过一夜急行军，赶到第二医疗队所在地华阳里，从华阳里向磨巨里转运伤员28名，期间是42华里的路程。转运伤员既要保持平稳，不能颠簸，又要保持一定的速度，不能掉队，更不能摔倒，将伤员摔坏，每迈出一步都觉得十分吃力。

担架上的28名伤员全是生活不能自理的重伤员，是战场上的勇士，中华民族的优秀儿女。伤痛在折磨着他们，死亡在威胁着他们，但他们咬紧牙关，一声不哼，表现出惊人的毅力。面对

担架队

着伤痛和死亡，勇士们的钢铁意志和顽强精神，深深地感染着担架队的每一名同志，大家只觉得浑身迸出使不完的力气，一鼓作气，终于在午夜之前赶到了磨巨里，胜利地完成了首次运送伤员的任务。

交接好伤员，队伍又立即往回返，凌晨3点钟返回了华阳里。在这一时期内，又连续向磨巨里转送了几批伤员，总共是217名。1950年12月25日大队从华阳里出发到宁边，途中经过妙香山。从山北坡到南坡底是90余里，正好是一天的路程。多数是

夜间行军，又是山路，所以，又困又累，有的同志走路就打起瞌睡来，跌倒了再爬起来，就这样跟头把式的翻过了妙香山。又经过了几天行军，经过宁边的马专里，球场以北的鱼龙车站，阳德北的水口里，再越过新高山，到达上甘岭北边的洗浦里，往返行程万余里，转运了一批又一批伤员，创下了可歌可泣的业绩。

敌人千方百计地破坏运输线，空袭运输繁忙的道路，1951年8月大队去阳德北水口里，任务是：用列车护送伤员回国。

十余节车厢，伤员五六百人，列车到达价川，有4架野马式敌机对运送伤员的列车轮番轰炸和扫射，情况非常危险。由于同志们奋不顾身，冒着生命危险抢救伤员，伤员没有一个人伤亡。伤员们深受感动，有位受伤的连长握着金振双的手说："我代表全体伤员感谢你们，没有你们冒着生命危险抢救，伤员就得造成重大伤亡。"

1950年12月20日从华润里向磨巨里转运伤员，其中有两名美国伤员，由于美帝国主义侵略者在朝鲜犯下滔天罪行，队员们对转运美国伤兵思想不通。领导就耐心地反复地做思想工作，说明美国伤员是放下武器的，应给予人道主义待遇，要治疗。发动战争的责任不在他们，给敌国伤兵治疗也是国际主义的表现。队员们思想渐渐通了，就抬着他们向磨巨里进发，将他们送到目的地，住进医院。

革命的理想、革命的热情、加上革命的干劲，增强了这支队伍的素质，使这支普通农民组成的集体在敌人炮火中，在艰苦的斗争生活中得到了锻炼，为祖国、为人民立下了功勋。

他们凭着一双铁脚，一副铁肩，一颗红心，一腔热血，筑成了万里运输线，踏遍了朝鲜北方的山山水水。于12月8日从洗浦里出发踏上回归祖国的征途。从驻地到熙川，山多路险，整整走了半月时间。走这段路程是非常艰苦的，吃的是饼干加炒面，嘴唇裂开了，两脚起大泡，艰难地前行，于12月下旬从熙川乘火车返回祖国的边城集安。1951年12月25日又从集安乘火车返回家乡。大队在朝鲜一年时间，从鸭绿江畔到上甘岭北部，行程约13 000华里，挖防空洞近千个，完成土方近万立方米，运输物资800余吨，转运伤员5 000余人。志愿军总后勤部及四分部给大队颁发了奖旗，是东北地区4个受奖大队之一。大队长姚化墉同志由朝鲜民主主义人民共和国最高议会给颁发了三级国旗勋章。

第五章　集贤党组织建设

第一节　集贤党组织的建立

1931年9月18日，日本侵略者侵占东北，进行了血腥镇压和疯狂的掠夺，它们的暴行激起了东北人民的强烈反抗。从辽东半岛到黑龙江边，从松嫩平原到完达山麓，抗日的烽火燃遍东北大地。

1933年秋，中共汤原中心县委根据中共满洲省委的指示精神，派李春满等人来集贤秘密组建了中共安邦河区委员会，在集贤这块土地上播下了抗日的火种。

1934年农历正月初三，安邦河区委书记李春满带人围剿夹信子地主武装。李春满等3人牺牲。1934年春，汤原中心县委派李忠义来集贤重建安邦河区委，书记李忠义担任，发展党员28名。

1936年9月，珠河、汤原两个中心县委改为中共北满临时省委下江特委。安邦河区委隶属汤原特委领导。姜百川（赵子朋）来安邦河区委担任区委书记。11月，下江特委书记白江绪任命刘忠民为华川县委组织部长。

来到安邦河区发展组织，开辟党的工作。12月，刘忠民发展李连贵入党，不久委任李连贵担任安邦河区委书记。

1937年2月，下江特委派刘忠民到安邦河区筹建富锦县委，接任安邦河区委书记，李连贵任组织部长，王廷杰任宣传部长。7月在中共安邦河区委基础上，成立了中共富锦县委员会，县委书记由刘善一担任。

1938年1月救国会员王和向日伪军警告密，安邦河区委书记李连贵等十多人被逮捕。3月15日，敌人搞了"三一五"大逮捕，使党组织遭受严重破坏，被迫停止活动。

第二节　解放战争时期的集贤县委

1945年8月15日，日本投降。11月，中共合江省工作委员会成立，派出大批干部到各县开展工作，建立政权。当时集贤为富锦县第五区。1946年1月，富锦县第五区公署建立。

3月，中共合江省工委、省政府派赵振华同志率100多人来集贤开辟工作，组建中共集贤县工委，赵振华为书记，县工委的中心任务是，建立政权，发动群众，组织群众，反奸清算，发展地方武装，进行剿匪斗争，发展生产，恢复经济。逐渐打开了工作局面。

1946年6月，成立中共集贤县委员会，县委书记由赵振华同志担任。县委主要抓了摸清敌特情况，搞垮国民党地下活动，开展反奸清算，镇压恶霸，加强城乡户籍管理，维护社会治安等工作。

第一任县委书记赵振华

1947年冬，根据合江省委指示，全县190个村屯都开展了轰轰烈烈的土地改革运动。对于肃清土匪，巩固人民政权，支援解放战争起了决定作用。"土改"后，人民群众参军参战，支援解放战争的热潮更加高涨，仅1946年6月至1947年7月间就有2 020名青年农民参加中国人民解放军，为前线输送一个团的兵力。

1947年7月，省委派韩天石同志任集贤县委书记。1948年3月，韩天石同志调往佳木斯市委，省委派林火同志任集贤县委书记。1948年12月，林火同志调离集贤，1949年3月钱兴门同志任县委书记。

集贤建县后，全县划分为城区、城郊区、太平区（升昌）、沙岗区、永安区、兴隆区6个区，并相继建立各区委。1948年3月，增设福利区、腰屯区、三道岗区3个区，同时建立区委。

1946年6月至1949年5月，集贤县委隶属于中共合江省委领导。

1949年5月，中共合江省委与中共松江省委合并为中共松江省委。中共集贤县委隶属于中共松江省委。县委书记钱兴门

1949年3月，党的七届二中全会，提出彻底摧毁国民党统

治，夺取全国胜利后，把党的工作重心从乡村转到城市，以生产建设为中心任务，规定了由农业国转变为工业国，由新民主主义社会发展到社会主义社会的总任务和主要途径。县委为落实七届二中全会精神，积极发展党的组织，扩大党的队伍，恢复生产，发展经济，为支援全国解放战争的全面胜利做出贡献。

1947年春，集贤县委创办《庄稼人报》，作为县委机关报，在"土改"、剿匪、支前工作中，该报在宣传群众、动员群众、宣传贯彻党的各项方针政策方面发挥了积极作用。该报于1949年初停刊，1949年夏又创办《集贤小报》。

第三节　新中国成立初期的集贤县委

1949年10月1日，新中国成立后开始进入由新民主主义向社会主义转变时期。摆在全国人民面前，也是摆在集贤人民面前的任务是：必须用很大的力量进行各项新民主主义的改革，彻底完成民主革命遗留的任务。在巩固新民主主义政治制度的同时，大力恢复国民经济，开始着手社会主义改造工作，以便为全面开展社会主义改造和有计划的社会主义建设创造条件。

建国初期的中共集贤县委，领导全县人民贯彻党在过渡时期的总路线，把主要精力致力于国民经济的恢复和发展。随着政治和经济形势的发展变化，相继开展了"抗美援朝""镇压反革命""三反""五反"以及整党等运动，逐步完成了对生产资料私有制的社会主义改造，基本上实现了生产资料公有制。全县国民经济有了大幅度增长，工业建设取得了重大进展，建立一些比较完整的工商业企业，农业生产条件发生了显著改变，生产水平有了很大提高，为全县有计划的经济建设创造了条件。

1949年10月至1954年6月。集贤县委隶属于松江省委，县委书记由钱兴门同志担任。1954年6月中共松江省委与黑龙江省委合并后，中共集贤县委隶属黑龙江省委。县委直属党总支有3个，1949年10月建立集贤县直机关总支委员会。1953年1月，县委决定成立中共集贤县商业总支委员会，3月成立集贤县企业总支委员会。县委下辖城区、城郊、永安、兴安、福利、沙岗、太平（现升昌）、腰屯、兴隆、三道岗等10个区委。1954年7月，县委设农村工作部。

中共集贤县第一届委员会

1955年12月18日，召开了中国共产党集贤县第一次代表大会。全县2 864名党员，选出代表239名，其中正式代表183名，候补代表56名。

会上，由翟登顺传达了省党代会议精神；听取和审议了王忠臣代表县委所作的《关于贯彻党的七届六中全会决议，加强党对农业合作化的领导，为实现农业的社会主义改造而奋斗》的工作报告；讨论通过了《集贤县1956年1957年农业合作化、农业生产和农村整党、建党、整团规划方案》；选举了中共集贤县委员会和出席省首届党代会代表、候补代表。大会选出了中共集贤县第一届委员会委员12名。

在12月21日召开的一届一次委员会议上，选举了县委书记和副书记各1名，常委2名。王忠臣当选为县委书记，苏若松为副书记。

大会选举了中共集贤县第一届委员会监察委员会。

1956年7月，根据省、地委指示精神，改变县委书记、副书记职务称呼。县委书记王忠臣为县委第一书记，副书记刘文斌、翟登顺、李德谱为县委书记。

县委工作机构：1956年12月增设统一战线工作部、工业交通部。1957年8月，增设文教部。

1957年2月，县委将县直机关党总支改为县直机关党委。10月，县委决定设立公安局、法院、检察院党组。

1956年3月，根据省人民政府并村划乡指示，县委决定将下辖的区委划分为2个镇，33个乡党委、总支。

中共集贤县第二届委员会

1958年2月13日至16日，召开了中共集贤县第二次代表大会。全县党员3 367名，选出代表211人，出席会议代表175人，缺席36人。

大会主要议程：一、听取和审议了王忠臣代表前届县委所作的《关于坚持奋斗，促进高潮，争取新的更大胜利》的工作报告；二、讨论和通过了赵如愚所作的《关于发展我县地方国民经济第二个五年计划和十年农业发展规划建设》的报告；三、讨论和通过了《关于县委工作报告的决议》；四、选举了中共集贤县委员会，改选了县委监察委员会。选出中共集贤县第二届委员会委员15人。在1958年2月17日召开的中共集贤县第二届委员会第一次全委会议上，选出了县委第一书记，书记2名、常委2名。县委第一书记由王忠臣担任。刘文斌、李德普为书记。1958年5月，省委派王泰担任县委第一书记，王忠臣为书记。

县委工作机构，1958年8月，县委在党训班基础上成立县委党校。10月撤销县委文教部。1958年3月县委将企业总支改为工业党总支。1959年3月，县委决定撤销工业党总支，成立工业党委；农业党委；撤销商业党总支，成立商业党委；成立粮食党总支。10月，成立农业机械总站党委。

1958年2月，随区域的变更，县委将原33个乡党总支，2个镇党总支合并为15个乡镇党总支，即：福利镇、集贤镇、太平、沙岗、永安、保安、兴隆、七星、三道岗、友谊、升昌、腰屯、友邻、丰乐、兴安乡党总支。1958年9月，由于人民公社的建立，县委将15个乡镇党总支划为6个公社党委。即：福利、集贤、升昌、丰乐、永安、兴安人民公社党委。

中共双鸭山市郊区委员会

1960年1月，国务院决定撤销集贤县制，划归双鸭山市，原县政府改为郊区办事处，原县委改为中共双鸭山市郊区党委。王泰为第一书记，王忠臣为第二书记。

1960年到1962年，由于三年自然灾害，郊区的经济建设遇到了很大的困难，工农业生产受到了很大影响。郊区党委领导全区人民认真贯彻中共中央提出的"调整、巩固、充实、提高"的八字方针，战胜自然灾害带来的一切困难，使全区的经济建设得到了恢复和发展。

郊区党委机构设办公室、组织部、宣传部、监察委员会、工交部、农工部、财贸部、多种经营部和党校。

郊区党委下设办事处党组、机关党委、工业党委、财贸党委和农机党委。1962年7月郊区党委决定成立农业党总支。

郊区党委下辖8个分社党委，其中撤县改为郊区党委时，下辖福利、集贤、升昌、丰乐、太平5个分社党委。1961年4月，从集贤分社划出永安公社，成立永安分社党委。1961年5月，将红星畜牧场改为红星分社，成立红星分社党委。1962年3月恢复腰屯分社，成立腰屯分社党委。

中共集贤县第三届委员会

1962年10月20日，国务院批准恢复集贤县，以合并于双鸭山市的原集贤县行政区域和撤销后的原友谊县的行政区域为集贤县行政区域，同时恢复中共集贤县委。

1963年3月1日至6日，召开了中共集贤县第三次代表大会。全县3 104名党员，选出代表319名，其中正式代表235名，候补代

表24名，列席代表60名。

会上，全体代表听取和讨论了王泰代表前届县委所作的工作报告，选举出中共集贤县第三届委员会委员19人。在3月7日召开的三届一次全委会议上，选出了县委书记，副书记3名，常务委员3名，王泰当选为县委书记，刘勇、曲焕伦、李德普为副书记。中共集贤县委隶属合江地委领导。

1966年3月王泰工作调动，刘勇任县委书记。

县委工作机构，1963年3月县委恢复统战部。县委批准建立法院党组、检察院党组，成立县人委党组。建立公安局党组、供销合作社党组、林业党总支4月成立供销合作社联社党总支。6月，将工业交通部改为工交政治部，财贸部改为财贸政治部。

1964年6月，县委决定撤销林业党总支，成立林业党委；撤销财贸党委，成立商业党委、粮食党委；成立文教卫生党总支，手工业联社党总支，邮电局党总支；撤销供销合作社联社党总支，成立供销合作社联社党委。1965年8月，县委决定撤销县直机关党委，分别建立县委机关党委，县人委机关党委。

恢复县制后，原郊区办事处所辖各分社均改为人民公社。1964年4月10日，省人委批准成立沙岗人民公社，撤销红星公社，恢复兴安人民公社。1964年6月县委决定成立沙岗公社党委，将红星公社党委改为兴安公社党委。

第四节 "文化大革命"时期

"文化大革命"初期的集贤县委

1966年5月16日中央《五一六通知》下达后，县委组成五人领导小组，负责领导全县工作。

"文革"期间，县委班子尚存在，县委书记仍由刘勇同志担任。

县委工作机构下设办公室、组织部、宣传部、统战部、工交政治部、农村工作部、财贸政治部、监察委员会和县委党校。

同级政、军、统、群组织的党组织为县人委党组、检察院党组、法院党组。

县委直属党委、党组有：县委机关党委、县人委机关党委、工业党委、手工业党总支、交通党总支、农业党委、林业党总支、文教卫生党总支等14个直属党委、总支和供销社联合党组、公安局党组。

县委下辖集贤、福利、沙岗、升昌、太平、兴安、永安、腰屯、丰乐公社等9个人民公社党委。

中共集贤县革命委员会核心小组

1969年2月14日，经中共合江地区革命委员会核心小组批准，成立中共集贤县革命委员会核心小组，组长由刘俊华担任。1970年7月，刘俊华调离集贤县，地委派孙国维同志继任中共集贤县革委会核心小组组长。

1968年1月，在中共集贤县革委会核心小组未建立的情况下，由集贤县革命委员会决定成立福利镇、集贤、永安、兴安、腰屯、太平等6个人民公社革命委员会党的核心小组。1月13日，成立丰乐人民公社革委会党的核心小组。1月15日，成立沙岗人民公社革委会党的核心小组。1月25日，成立升昌人民公社革委会党的核心小组。

1970年3月，中共集贤县革命委员会核心小组决定撤销集贤、永安2个人民公社革委会党的核心小组，分别成立集贤、永安2个公社党委。9月，县革委会党的核心小组决定撤销腰屯、沙岗、丰乐、太平、兴安、福利镇、升昌等7个人民公社革委会党的核心小组，分别成立7个公社党委，同时增设五七公社党委。

1970年，党的基层组织逐步得到恢复，县直机关党组织生活开始走向正常。9月中共集贤县革命委员会核心小组决定成立工交党委、农机党总支。10月，成立县机关党委，商业党委。11月，成立粮食党总支、计统党总支。12月，成立财政金融党总支。1972年4月，成立手工业党总支。林业党委、农业党总支、卫生党总支、文教党总支。

中共集贤县第四届委员会

1972年5月10日至13日，召开中国共产党集贤县第四次代表大会。全县党员5 541名，选出代表595名。

在11月13日的四届一次全委会上，选举了县委书记，副书记3名，常委8名。县委书记由孙国维同志担任，钟富明、曲悦林、林培枝为副书记，1975年4月孙国维因工作变动，于仁春接任县委书记。

中共集贤县第四届委员会建立后，原中共集贤县革委会核心小组办公室撤销，临时工作机构为县革委会政治部。1973年6月，撤销县革委会政治部。恢复了县委办公室、组织部、宣传部、党校。8月恢复县委统一战线工作部。9月建立了县人民法院党组。1974年8月建立了县革委会党组。

县直属党组织陆续建立和恢复。1972年7月建立交通科党总支、粮食科党总支、农副产品供销科党委，将农业党总支改为党委，工交党委改为工业党委。

8月建立建设科党委。1973年7月撤销财政金融党总支、计统党总支，建立物资党总支，将农副产品供销党委改为供销合作社联社党委。9月建立公安局党委，邮电党总支，将卫生党总支改为卫生党委。

1972年6月，从集贤、永安、腰屯三个公社划出部分区域成立黎明公社，从永安、腰屯两个公社划出部分区域成立新建公社。同时，增设了黎明公社党委、新建公社党委。县委辖12个公社党委。

中共集贤县第五届委员会

1976年1月22日，召开了中国共产党集贤县第五次代表大会。

全县党员6 888名，选出代表598名。出席会议代表523名，因病因事缺席75名。大会听取和讨论通过了于仁春同志所作的《以阶级斗争为纲，坚持党的基本路线，为把我县建成大寨县而奋斗》的工作报告；选举了中共集贤县第五届委员会。委员32名。

在1月25日的五届一次全委会议上，选举了县委书记，副书记5名，常委7名。县委书记由于仁春同志担任，曲悦林、栾德厚、钟富明、王江、刘卫东为副书记。

县委直属党委、党组的变化情况：1976年1月，成立供电局党总支。2月县委决定将手工业党总支改为二轻工业党委；将建设党总支改为建设党委；将粮食党总支改为粮食党委。8月，将农业党总支改为农牧科党委。其他直属党委、总支无变化。

中共集贤县第五届委员会下辖公社党委，仍为12个公社（镇）党委。

第五节　集贤社会主义建设新时期

新时期初期的集贤县委

1976年10月，党中央一举粉碎了"四人帮"，结束了"文化大革命"的十年动乱，我国进入了一个新的历史时期。在这伟大的历史转折时期，集贤县委领导全县人民开始了社会主义新时期的建设事业。

1978年8月开始，清理了"文化大革命"中的冤、假、错案，全县召开五次落实政策平反大会，对错揪、错斗的580名干部给予平反，落实政策，恢复了15人的党籍、41人的公职，运动中平反各种冤、假、错案556起1 223人，这一工作促进了安定团结的政治局面。

12月，党的十一届三中全会提出，把全党工作着重点转移到社会主义现代化建设上来。随着全党工作重点的转移，集贤县委领导全县人民认真贯彻落实党的十一届三中全会的路线、方针、政策，进一步放宽经济政策，落实生产责任制，扩大企业自主权，促进了集贤经济的发展。

1979年1月，县委书记于仁春同志调动工作，张海臣同志任中共集贤县委书记。

1978年12月26日，增设工交政治部、农村工作部、财贸政治部、增设纪律检查委员会。1977年1月文教党总支改为文教党委；6月建立水利党总支；10月交通党总支改为交通党委；1978年1月建立党校党委，人民银行党总支；11月建立畜牧党总支，将农牧科党委改为农业党委；12月县委决定将水利党总支改为水利党委；人民银行党总支改为人民银行党委；邮电局党总支改为邮电局党委；供电局党总支改为供电局党委。县委直属党委、总支增加到20个。

这一时期，县委下辖公社党委仍为12个公社（镇）党委。

1978年11月成立集贤县钢铁厂党委。1979年3月成立升平煤矿党委。

中共集贤县第六届委员会

1979年12月20日至25日，召开了中国共产党集贤县第六次代表大会。

出席会议的代表653名，大会听取和审议了张海臣同志代表前届委员会所作的题为《全党动员，奋战三年，坚决实现我县国民经济建设任务》的工作报告；选举产生了第六届县委委员29名。

在12月26日召开的六届一次全委会上，选举了县委书记，副书记4名，常委7名。县委书记由张海臣同志担任，王敬庄、李德林、朱文国、张士田为副书记。

1980年8月，县委决定增设县委政法工作办公室，10月，成立老干部工作委员会办公室，县人大党组。1980年5月，在第七届人民代表大会上，将集贤县革命委员会改为集贤县人民政府。1980年10月，县委决定成立人民政府党组。同时成立县政协党组，1982年3月县委决定成立县工会党组。1980年12月，县委决定撤销党校、工业、二轻工业、交通、建设、邮电局、供电局、农业、畜牧、水利、农机、文教、卫生、物资、公安局等15个党委、党总支。设立工交党委、农业党委、文教卫生党委。这时县委直属党委共有县革委会机关、工交、农业、林业、商业、粮食、供销联社、文教卫生8个党委。1981年8月，县委决定成立公安局党组，9月，县委决定撤销工交党委、农业党委、文教卫生党委及县革委会机关党委，成立县委机关党委、政府机关党委、经委党委、农机党委、教育党委、卫生党委。建委总支、农业总支、水利总支、畜牧总支、物资总支，这时县委直属10个党委、7个总支、1个党组。

县委直属企事业党委中，1980年12月县委决定撤销县钢铁厂、升平煤矿党委、改设为党总支，隶属于工交党委领导。1981年3月县委决定将升平煤矿党总支改为党委，由县委直接领导。1981年9月，县委决定钢铁厂党总支由县委直接领导。

1981年3月集贤县所辖新建、五七公社因地区内公社重名，根据省政府批准，将新建、五七公社更名为联名、山区公社。

第六节　改革开放时期

中共集贤县第七届委员会

1983年7月10日至12日，召开了中国共产党集贤县第七次代表大会。

出席会议的代表320人。大会听取和审议了张海臣同志代表前届县委所作的题为《深入贯彻党的十二大精神，全面开创我县社会主义现代化建设的新局面》工作报告，选举了第七届县委委员25人，候补委员4人。

在7月13日召开的七届一次全委会上选举了县委书记，副书记2名，常委4名，县委书记由胡友贵同志担任，石殿堂、李瑞千为副书记。

1985年7月至1987年6月在全县党组织中进行了整党工作，分县直机关、乡镇机关、城乡企事业和村级整党四个层次。全县参加整党的党员8 253名，基层支部605个，党委、总支31个，县级班子7个。通过整党，全县各级党组织，统一了思想，整顿了作风，加强了纪律，纯洁了组织。

县委工作机构中。1984年1月老干部工作委员会办公室，改称县委老干部局，撤销工交政治部、财贸政治部。1985年5月增设县委党史办公室，其他机构无变化。1985年2月，中共集贤县委纪律检查委员会改为中共集贤县纪律检查委员会。

1984年12月，为发挥中心城市作用，加快经济建设步伐，国务院决定将合江地区与佳木斯合并，实行市管县的领导体制，集贤县委隶属佳木斯市委。

1984年3月，因机构改革，县委将县直各党委、总支机构设置为县委机关党委、政府机关党委、经委党委、手工业联社党委、交通党总支、城乡建设环境保护局党总支、农牧渔业局党总支、林业党委、水利党总支、农机党委、商业党委、粮食党委、供销合作社联合社党委、物资党总支、教育党委、卫生党委、共12个党委、4个党总支及公安局党组。

1985年1月县委决定成立农业银行党组。5月，县委决定将交通党总支改为交通党委。7月将手工业联社党委改为二轻工业公司党委；将邮电局党总支隶属县委领导；将城乡建设环境保护局党总支改为党委。1986年1月县委决定成立畜牧兽医总站党总支，隶属县委领导；撤销农牧渔业局党委，成立农业党委，6月畜牧兽医总站党总支改为畜牧局党总支。成立人民银行党组。9月成立工商银行党组。

下级地方党委中，1983年5月建乡试点时，将集贤公社改称集贤镇。1984年5月，全县10个公社变为10个乡。1985年6月经省民政厅批准，升昌、丰乐乡改为镇的建制。县委下辖福利、集贤、丰乐、升昌4个镇党委和沙岗、兴安、太平、永安、腰屯、黎明、山区、联名8个乡党委。1983年2月成立中共合江地区技工学校党总支，隶属集贤县委领导。

中共集贤县第八届委员会

1986年10月14日至16日，召开了中国共产党集贤县第八次代表大会。

出席会议的代表303名。大会听取和审议了胡友贵同志代表前届县委所作的题为《团结一致，改革创新，为夺取两个文明建设新胜利而奋斗》的工作报告，选举了集贤县第八届县委委员25名，候补委员4名。大会选举了中共集贤县纪律检查委员会委员15人。

在10月17日召开的八届一次全委会上，选出县委书记、副书记4名，常委5名，县委书记由胡友贵同志担任，石殿堂、时速超、李瑞千为副书记。

1986年12月县委决定成立政法机关党委，1987年5月将水利党总支改设为水利局党委。县委下辖乡镇党委仍为4个镇党委、8个乡党委。

1988年8月，黑民字（1988）20号文件批准，将集贤县太平乡改为太平镇，至此，集贤县下辖5镇7乡230个村屯。即：福利镇、集贤镇、升昌镇、丰乐镇、太平镇、沙岗乡、永安乡、腰屯乡、黎明乡、兴安乡、联明乡、山区乡。

1988年1月1日，集贤县委隶属双鸭山市委时，县委下设34个党委（总支），其中12个乡镇党委。

中共集贤县第九届委员会

1989年9月18日至21日，召开了中国共产党集贤县第九次代表大会。出席会议代表253人，代表全县9 092名中共党员。时速超代表八届县委作了题为《团结创新廉洁务实为振兴集贤而奋斗》的工作报告，张景华代表县纪律检查委员会在会上作了题为《严肃纪律惩治腐败为开创纪检工作新局面而奋斗》的书面报告。大会选举产生了集贤县第九届委员会委员25人。

在21日下午召开的九届一次全委会议上，选举产生了县委常

137

委9人，书记、副书记4人，县委书记由时速超担任。副书记由贺旭武、张得晨、沈明担任。

1989年12月10日至1990年3月20日，县委根据中央和省市委部署，在全县开展民主评议党员工作。共有34个党委（总支）、691个党支部、9 252名党员参加评议工作，占党员总数的98.9%。评议出合格党员5 771名、基本合格党员3 353名，基本不合格党员86名、不合格党员43名，对不合格党员进行处理。

1991年9月，县委召开了九届五次全委（扩大）会议，讨论确定集贤县制定与实施国民经济和社会发展十年规划和"八五"计划的指导思想、发展思路、奋斗目标和战略措施，动员全县党员、干部和人民群众积极行动起来，为全面实现第二步战略目标而努力奋斗。

1992年9月，因工作需要，县委书记时速超调到双鸭山市委工作，11月，市委派胡琳为中共集贤县县委书记，王子凌为县委副书记。

中共集贤县第十届委员会

1993年8月16日至19日，召开了中国共产党集贤县第十次代表大会。出席会议代表共230人，列席会议代表70人，代表全县10 005名中共党员。

双鸭山市委副书记李贵显出席会议并作了重要讲话。县委书记胡琳代表九届县委在会上作了题为《解放思想 团结奋进 夺取改革开放和现代化建设的新胜利》的工作报告；县纪律检查委员会向大会提交了书面工作报告；大会选举产生了集贤县第十届委员会。委员27人，候补委员4人。

在19日召开的中共集贤县第十届一次全委会议上，选出县委常委11人，副书记3人，县委书记由胡琳担任，王子凌、张得晨、曲金成为副书记。1994年3月省委派高煜时为中共集贤县委副书记。

县委认真贯彻从严治党的方针。围绕改革开放和经济建设的基本任务，加强党的思想、组织和作风建设，使各级党组织和广大党员发挥了战斗堡垒作用和先锋模范作用，促进了全体党员干部思想的解放和观念的转变，密切了党群干群关系，提高了各级班子的领导能力和战斗力。

1988年至1993年，县长先后由时速超、贺旭武、王子凌同志担任。县委书记先后由胡友贵、时速超、胡琳同志担任。县委、县政府坚持做到"两手抓""两手硬"，使精神文明和民主法制建设取得明显成效。为广大人民群众注入了加快发展的思想和精神动力，使人民群众识别真善美与假丑恶的能力不断提高，人们的思想行为更加文明向上。在加强民主建设的同时，大力加强了社会治安综合治理，严厉打击刑事犯罪和经济犯罪，开展了群众性的揭批"法轮功"斗争，狠抓了刹风整纪工作，有效地加强了廉洁自律，强化了社会治安，促进了反腐倡廉。

1994年1月以来，县委不断在坚持以经济建设为中心工作开展的同时，加强党的思想、组织、作风建设，坚持"党要管党，从严治党"的方针，积极改善党对改革和经济建设的领导，团结和带领全县各级党组织和广大党员，坚持始终与党中央保持一致，毫不动摇地贯彻执行党的基本路线，坚定地坚持四项基本原则，深入地调查研究和不断总结经验，注重对改革开放和经济开发的领导。要求全县各级领导干部从自身做起，清清白白做官、堂堂正正做人、实实在在干事、勤勤恳恳为民。1996年1月，县委、县政府出台了《集贤县党政机构改革方案》，将62个党政机构改设为32个，精减了30个，精减幅度48%。改革举措使新设置的党政机构和干部工作体现出减员增效、务实求精的工作效果。

中共集贤县第十一届委员会

1998年11月23日至26日，中共集贤县第十一次代表大会召开，出席会议的代表241名。市委书记胡祥鼎出席并讲了话。武凤呈代表中共集贤县第十届委员会作了题为《高举邓小平理论伟大旗帜，为实现富民强县目标而努力奋斗》的工作报告，中共集贤县纪律检查委员会作了书面工作报告。选举产生了委员27人，候补委员4人，常委10人。等额选举武凤呈为书记，由英、曹德君、陈枫、朴永鹤为副书记。选举产生了集贤县纪律检查委员会。

中共集贤县第十一届委员会，提出了任期的工作指导思想和奋斗目标，力争在跨世纪发展的关键五年内使全县经济和社会事业有一个较大发展，为实现富民强县目标奠定坚实的基础，集贤革命老区经济和社会事业取得令人瞩目的可喜成果。

中共集贤县第十二届委员会

2003年12月17日至19日，中共集贤县第十二次代表大会召开，出席会议的代表255名。市委派组织部工作人员出席会议。刘福荣代表中共集贤县第十一届委员会作了题为《抢抓机遇、奋发作为、为全面建设小康社会而努力奋斗》的工作报告，中共集贤县纪律检查委员会作了书面报告。选举产生中共集贤县第十二届委员会。委员27人，候补委员4人，15名委员组成的中共集贤县纪律检查委员会。12月19日，中共集贤县第十二届委员会召开了第一次全体会议，差额选举10人为县委常委。等额选举刘福荣为书记，华泽贵、朱凤娥（女）、高喜文、贺大伟为副书记。

十二届县委，坚持以邓小平理论和"三个代表"重要思想为指导，全面落实科学发展观，同心同德、务实创新、全县政治、经济及社会事业取得长足发展。

中共集贤县第十三届委员会

2006年12月14日，中共集贤县第十三次代表大会召开，大会选举产生了中共集贤县第十三届委员会委员31名，候补委员6名。选举产生了中共集贤县纪律检查委员会委员。

县委十三届一次全会选举产生了新的县委常委、书记、副书记。县委书记华泽贵、副书记王庆华、朱凤娥（女）、周振富。

中共集贤县第十三届委员会全面推进经济和社会的发展，取得了深化改革，着力开发，扩大开放的阶段性成果，为加快经济迈上新台阶奠定了坚实的基础。

中共集贤县第十四届委员会

2011年12月9日至10日，中共集贤县第十四次代表大会召开，选举产生了中共集贤县第十四届委员会委员31名，候补委员6名。选举产生了中共集贤县纪律检查委员会委员。

县委十四届一次全会选举产生了新的县委常委、书记、副书记和县委常委9名，县委书记王郁，副书记许德东、李凯。

中共集贤县第十四届委员会，大力实施十项惠民工程，切实加强惠民的建设，促进经济社会协调发展。

中共集贤县第十五届委员会

2016年12月19日至21日，中共集贤县第十五次代表大会召开，选举产生了中共集贤县第十四届委员会委员32名，候补委员7人。选举产生了中共集贤县纪律检查委员会委员。

县委十五届一次全会选举产生了新的县委常委、书记、副书记和县委常委10名，于世军、李凯、曹德玉、栾伟江、高明、刘继清、邵民学、王言磊、李文封、张晖。县委书记于世军，副书记李凯、曹德玉。

中共集贤县第十五届委员会坚定实施"五个功能区"发展战略，全面提升人民群众的获得感。

全国老区贡献奖　奖章

第六章　发展探索

第一节　政权建立

集贤县建制于1946年6月，因初时县制定于集贤镇，遂名集贤。1956年4月，县制改为福利屯。

"民国"初期，尚未建制，除太平、丰乐镇属桦川县，余皆为富锦县五区集贤保（今集贤镇所在地）。1938年集贤保改为集贤街公所。1946年春，建立人民政权时，富锦县第五区政府仍设于集贤街。同年6月建县时县政府驻今集贤镇，集贤县属合江省籍。

1946年6月至1949年5月，集贤县委隶属于中共合江省委领导。在1946

第一任县长

年6月1日，中共合江省委为加强党的领导工作，将集贤镇改为集贤县。6月6日，在集贤镇成立中国共产党集贤县委员会，县委书记由赵振华同志担任。县委成立后，主要抓了摸清敌特情况、搞垮国民党地下活动、开展反奸清算、镇压恶霸、维护社会治安等项工作。1946年6月集贤县建县后，将全县划分为城区、城郊区、太平区（升昌）、沙岗区、永安区、兴安区、兴隆区七个区，并相继建立了区委。1948年3月，增设了福利区、腰屯区、三道岗区，同时建立了区委。1950年区名改称一区（城区）、二区（城郊）、三区（永安）、四区（兴安）、五区（福利）、六区（沙岗）、七区（太平）、八区（腰屯）、九区（兴隆）、十区（三道岗）；并设双鸭山矿区。1954年5月双鸭山矿区独立，由省直辖。1956年3月，省将桦川县之苏家店、悦来、太平、新城等4个区和富锦县柳大林子的4个村划归本县，是时全县共划为33个乡、2个镇、8个区公所，县委、县政府移至福利屯。

1947年冬，根据合江省委指示，全县190个村屯都开展了轰轰烈烈的土地改革运动。1948年春，"土改"工作结束。"土改"工作的胜利，对于肃清土匪，巩固人民政权，支援解放战争起了决定性作用。"土改"后，人民群众参军参战，支援解放战争的热潮更加高涨，仅1946年6月至1947年7月间就有2 020名青年农民参加了中国人民解放军，为前线输送了一个团的兵力。

1947年7月，省委派韩天石同志任集贤县委书记。1947年7月27日赵振华同志任县委副书记。1948年3月末韩天石同志调往佳木斯市委，省委派林火同志任集贤县委书记。1948年12月，林火同志调离集贤，1949年3月钱兴门同志任县委书记。1949年5月11日，中共合江省委与中共松江省委合并为中共松江省委，中共集贤县隶属于中共松江省委，县委书记由钱兴门同志担任。

1954年8月松江省与黑龙江省合并为黑龙江省，本县归黑龙江省管辖。1954年秋省于佳木斯设合江地区专员公署，本县遂为合江地区专员公署直辖。1957年省将公立、双河、西山、中华、日升、东胜6个自然屯和整个瓮泉乡划归双鸭山市。1958年将悦来镇和苏家店、孟家岗、丰年、中安、乌龙、新城、东林7个乡划给桦川县，撤销原东胜、夹信子、廉明、永发、团结、兴隆山、兴胜、集富8个乡，将原24个乡（镇），合并成15个乡（镇）。1959年腰屯乡划给二九一农场（1962年又划归本县），余14个乡（镇）改为6个人民公社和3个畜牧场，合江地委于太平乡划出7个自然屯，建立畜牧场，并由地委直辖，同年11月省将三道岗、七星、友邻、友谊4个乡及兴隆乡的3个作业区划归友谊农场。1960年省撤销集贤县制，改为双鸭山市郊区，所辖农村公社均改为双鸭山人民公社分社。1962年末，恢复集贤县制至今。1966年"文化大革命"开始，中共集贤县委、县人委被"夺权"，1967年4月建立集贤县革命委员会，属合江地区革命委员会管辖。1980年5月恢复集贤县人民政府，归合江地区专员公署管辖。1988年1月，划归双鸭山市委、市人民政府管辖。

第二节　农业合作化

农业合作化是在中国共产党领导下，通过各种互助合作的形式，把小农经济逐步改造成社会主义集体经济的过程。

小明甲互助组

土地改革以后，为了避免重新产生两极分化，为了发展农业生产。兴修水利，抗御自然灾害，采用农业机械和其他新技术。我国个体农民，特别是贫下中农，产生了走互助合作道路的要求，随着工业化的发展，对农产品的需要日益增大，对农业技术改造的支援也日益加强。这些也促进了个体农业向合作化方向发展。中国共产党适时的领导农民走上了合作化的道路。在合作化的过程中，实行依靠贫农下中农，团结中农的政策，遵循自愿互利、典型示范和国家帮助的原则，采取3个互相衔接的步骤和形式，首先组织临时互助组和常年互助组，接着发展以土地入股，统一经营为特点的初级农业生产合作社，然后进一步建立土地和主要生产资料集体化的高级农业生产合作社。

1948年春我县完成土地改革后，县委号召个体农户组织起来，插犋换工，发展生产。换工形式有3种：1.人工换人工或人畜互换工。多用了人畜工的户按当时定的工价还钱。2.草料换工。多用1个牲畜工还畜主1片豆饼或4至6升粮食。3.固定牲畜牛犋工。春耕时扣一垧地还15个工，欠工户分三季还等量人工，但也有的农民分到土地后，因缺人畜力就把土地出租或出卖掉，有的则雇工种地。为防止两极分化，县、区党委和政府就下大力量组织农业生产互助组。当时组织城郊区保安屯徐连生、沙岗区小敏甲屯刘文彬两个典型互助组。在他们的示范带动下，到1949年全县互助组发展到1 893个。

互助组的形式主要有4种：1.全年人畜换工组；2.季节换工组；3.畜力插犋组；4.临时组。

1951年12月15日，中共中央向地方党组发了《关于农业生产互助合作的决议》的草案，县委进一步加强了对农业合作化运动的领导，互助组有了很大发展。1952年互助组达到2 400个，其中集体喂马的大型组398个。当年试办了3个初级农业生产合作社，即城郊区保安屯徐连生社、沙岗区小敏甲屯刘文彬社和太平（升昌）区兴华屯孙义社。1953年2月15日，中共中央通过《关于农业生产互助合作的决议》；同年12月16日，又通过《关于发展农业合作社的决议》。这一年，全县建起49个初级农业生产合作社。参加合作社的农户1 115户，占全县农户的6.9%，占组织起来户数的9%。参加合作社的男劳力1 243人，占全县男劳力的7.3%；女劳力584人，占全县的11.4%；入社耕地5 704垧，占全县耕地的7.9%；入社畜力1 017头（匹），占全县的4.3%。各社都使用了马拉新式农具。

到1955年底，全县建立起137个高级社，完成了全县农业的社会主义改造。全县农村发生了深刻的社会变革，促进了工农业和整个国民经济的发展。此后，由于新建和划入一些村屯，到1958年春实现"人民公社化"前，全县共有高级农业生产合作社211个。

第三节　"三反""五反"运动及人民公社化

集贤县自1951年冬至1952年春开展了反贪污、反浪费、反官僚主义的"三反"运动和反行贿受贿、反偷税漏税、反盗窃国家资料、反偷工减料、反盗窃国家经济情报的"五反"运动。

"三反"于1951年11月份开始，运动重点在财贸工交系统开展，参加运动的有10个科级单位、73个基层单位，32名副科级以上干部、1 427名职工群众。"五反"于1952年1月开始。全县私营工商业者多是小商小贩、小手工业者和小业主，虽也曾千方百计与国营经济相对抗，但主要活动多是偷税漏税、偷工减料。如制造假账，隐藏现金；盘存不实，账外经营；购进销出，弄虚作假；对内对外，两套账簿等。

1952年夏季，运动全部结束。

县委根据中央要求于1958年8月初开始了建立人民公社运动。到8月25日全县实现"人民公社化"。将全县15个乡镇211个高级农业生产合作社，合并组

永安公社

147

建为7个公社，3个畜牧场。除集贤、保安和永安的部分大队合建为集贤镇公社，沙岗、福利合建为福利镇公社外，其余都是一乡建一社。实行政社合一体构。乡人民委员会与公社管理委员会、乡党委与公社党委，一套人马，两块牌子，双担任务。在公社统一领导下，实行公社、作业区、生产队三级管理。

第四节 拨乱反正，工作重点转移

1978年12月，党的十一届三中全会召开，这是我党历史上具有非常重要意义的一次会议。会议指出：全国范围的大规模的揭批林彪、"四人帮"的群众运动，已经基本上胜利完成，全党工作重点，应该从1979年转移到社会主义现代化建设上来。据此精神，全县从1979年3月15日开始将工作重点转移到社会主义现代化建设中来。按照党的十一届三中全会精神，紧紧围绕全党工作着重点转移，搞好班子整顿、思想整顿和搞好组织整顿。开展了"三案"平反，地富摘帽（包括为地富子女改变成分）、改正错划"右派"、真理标准大讨论以及放宽经济政策、落实生产责任制、活跃经济、开放集市贸易、扩大企业自主权和积极开展法制教育等方面都做了大量工作。

在党的十一届三中全会后，本县对财贸部门进行了改革，放宽经济政策，实行计划调节与市场调节相结合。搞活了商品、经济，繁荣了城乡市场，提高了人民的经济生活。根据县委"解放思想敢于竞争，发挥优势主动竞争，放宽政策促进竞争，提高本领保证竞争"的要求，在1978年至1981年，本县采取了以下动作：一是使多种所有制商业、服务业，进入流通领域，开展社会主义竞争，为市场增添活力；以国营经济为领导,积极地发展集体商业、服务业，并适当地发展个体商业、服务业。仅1980年集体商业达到61户，个体商贩达377户，再加上贸易货栈的恢复和发展，补充了国营、供销商业、服务业的不足。二是加强购销业务，开通了渠道，扩大采购自主权，增加市场商品可供量改革购销形式，打破地区封锁和行业垄断，破除官商化，变"坐商"为"行商"，采取零活多样的方式，大摆大卖。三是发展饮食服务业，使社会供应量大幅度增加，增强服务能力，提高生活社会化程度。如迎宾、包子铺、青年饭店，早上3点上班，直到晚上11点。增设4处餐亭，37个游动售货组，品种在八种以上。各售货组日卖钱额在120元以上，仅1980年10个月的零售额即达到248万1千元。鼓励饭店恢复待统名菜，引进外地名点、名菜。增加了大众快餐、便餐品种；照相、理发行业增加服务项目。四是发展集市贸易，活跃城乡物资交流。1980年1至10月，集市贸易成交额比1979年同期增长55%。五是加强商品供应工作，使之显著好转。1980年1至10月，全县商业、供销、水产，商品购进总值为5 393万元，销售总值为6 533万元。实现猪肉和洗衣粉、香皂、白糖等紧缺产品敞开供应。粮店发展为前店后厂，扩大了熟食加工，品种和数量都有所增加。蔬菜、土特产品、干鲜水果的品种多于往年。水产业仅1980年供应鲜鱼26 000斤，历史最高水平。

农民城市场

经济体制改革

党的十一届三中全会后，本县即酝酿工业管理体制的改革。在学习清远、定陶两县和依兰、桦南、勃利三县经验的基础上，本县于1980年12月6日撤销了工业科、二轻工业科和建委所属的建材工业处，成立经济委员会(简称经委)。"经委"管辖原工业科所属13户企来、建委所属的四户企业及二轻工业科中的2户国营工业企业，将二轻工业科改为企业性质的二轻公司。

经济体制改革后，同"十年内乱"期间相比，有以下几个方面好处:1.解决企业的实际问题的速度明显加快。2.调整企业领导班子的速度加快,提高了工作效率。3.责权结合，增强了责任感。"经委"成立后，县组织和人事部门把提拔、调动股级干部权交给"经委"；劳动部门把转正、定级、调转、双退审批、招工指标分配和企业奖金审批权交给"经委"；财政部门把预算内企业技改费分配权和折旧基金使用权交给'经委'；同时还从当年利润包干指标中拨出一部分机动财力交给"经委"。"经委"还可根据需要向银行申报各种技改贷款，"经委"可统筹兼顾，突出重点，合理安排，更好地发挥作用。"经委"成立仅一年（至1981年）筹集资金总计达652万元，并拿出78.9%拨放到轻工、食品和建材企业的7个重点改造项目中，使年增产值为804万元，年增税利达276万元。县财务方面实行包干，财政对经委实行包干，经委对各企业实行包干，企业对各车间（班组）以及个人实行包干。实行经济责任制。分别采取利联质的计件工资、分成工资、利润分成提奖、成本包干等7种形式，实行百分考核，兑现奖罚。4.归口统管，有利于的改组和联合，全面发挥技术、设备的效能。如原工业科属工程塑料厂和原二轻工业科所属塑料厂合并后，仅1981年此厂完成产值119万元，比计划增长19.8%。5."经委"成立后，加强了领导指挥能力，下设代销、财务、劳资、技术等专业科室，全面发挥专业科室的特长。

　　经济体制改革后，实行经济责任制，注意经济效益，使企业的管理水平不断提高。1981年"经行"所属包干企业实现利润27万元，比1980年增盈45万元，摘掉了1970年以来连续10年的亏损帽子。

第七章 改革开放

将改革开放进行到底

第一节 深化改革

1978年，集贤认真贯彻党的十一届三中全会精神，在城镇整顿企业关掉不具备生产条件工厂，对生产企业进行技术改造，提高其生产能力。在农村探索以定额记分为主的多种计酬形式，并试行生产队统一核算下的包工到组、联产计酬的生产责任制，老区农业生产生机盎然，多种经营欣欣向荣。

1983年，中共中央关于《当前农村经济政策的若干问题》下发以后，广大农民对党中央的富民政策更加托底，走改革致富道路的信心更加坚定了。当年全县农村开始实行家庭联产承包责任制，在社会主义集体所有制的基础上，将土地、农机具、牲畜等实行家庭经营，解决了集体经济长期存在的生产上"大帮哄"和分配上吃"大锅饭"问题，扩大了生产者的自主权，调动了老区农民的生产积极性。

1990年，进一步深化了农村经济改革。巩固完善家庭联产承包责任制，原有承包土地，在合同期内原则上不作大的调整。

1998年，根据党中央国务院关于进一步稳定和完善农村土地承包关系的精神及统一部署。全面启动第二轮土地承包工作。9月，二轮土地承包全面实施，承包期30年。10月末，二轮土地承包全面完成。进一步稳定了农村土地承包关系，调动了广大农民种田积极性，保持了农村稳定。

2005年，努力解决医疗保险实际运行中存在的问题，积极稳妥地推进医疗保险制度改革。进一步扩大覆盖面，强化基金收缴，增强基本医疗保险基金的支撑能力，使医疗保险工作平稳运行。完成了参加医疗保险人员个人账户的登记、结算工作，重新起草了两个定点医院的有关协议，对定点医疗机构及药店进行了认真检查。

进入21世纪，不断调整和优化农业和农村经济结构，培育和壮大主导优势产业，促进传统农业向市场农业转变，农民收入持续增加。突出发展了高产、高效、优质作物和绿色食品生产，大幅度增加市场销路好、经济效益高的杂粮杂豆和经济作物面积。积极稳妥地推进了合村和撤乡并镇工作，深化了农村税费改革，完成了乡镇机构改革。

第二节　经济加速

在40多年的发展历程中，集贤县突出做好以下几个方面，实现老区经济持续快速发展。

经济持续稳定增长，经济实力明显增强。随着经济体制改革的不断深入，经济发展发生了巨大而深刻的变化，经济发展步伐不断加快，综合经济实力明显增强。尤其是党的十五大以来，以突出经济建设为中心，立足县情，抢抓机遇，准确把握县域经济的阶段特征，大力培育新的经济增长点，经济发展取得了令人瞩目的成就，生产力水平跨上新台阶。到2012年，全县工业总产值实现129.3亿元。地区生产总值实现74.9亿元；公共财政预算收入实现28 018万元；城镇固定资产投资完成55.2亿元；规模以上工业增加值实现36.1亿元；对外进出口贸易总额完成7 284.7万美元%。城镇居民可支配收入实现19 123.4元，同比增长32.55%，农村人均纯收入预计实现11 370元，同比增长12%。

加快"农业强县"进程，全面繁荣农村经济。1984年农村经济体制改革开始后，各生产队开始全面落实家庭联产承包责任制，完成了第一轮土地承包，以家庭为单位的农业生产经营体制逐步形成。1995年，加快了农业产业化进程，加大了农业资源的二次开发和深度开发力度，切实把农业转移到"面向市场，依靠科技兴农，优化产业结构，保护生态环境，增加效益"的轨道上来。集贤县先后被评为全省财源建设先进县、全省发展非公有制经济先进县、全省县域发展晋位奖、省新型工业化示范基地等荣誉称号。县委、县政府紧紧围绕"富民强县"的战略目标，不断调整经济结构，确立"强农、兴牧、壮企、活商"的发展思路，以科技为先导，以改革为动力，以招商引资和项目开发为突破口，内引外联，县域经济实力不断壮大。到1997年，全县国内生产总值达到6.7亿元，年均递增15.7%；县财政收入实现6 169万元，年均递增21.5%。集贤县1998年1月1日正式划归双鸭山市管辖，依托地缘、资源优势，确立了水稻、玉米、大豆、烤烟、甜菜、肉牛、养鱼、养鸡、山野菜、蔬菜10个主导产业，建成了烤烟生产加工、水稻生产和精制米加工、白瓜生产和炒货加工、生猪、牛、禽养殖加工、蔬菜生产批发等5个贸工农一体化、产加销一条龙的产业链条，实现了由传统农业向效益型农业的过渡。同时，完成了全县第二轮土地承包，进一步完善了家庭联产承包责任制，广大农民的生产积极性大增，初步实现了传统农业向市场的转变，种植业结构及农业结构日益趋于合理，农民收入大幅度提高。到2005年，全县完成了农村税费改革，全面取消了乡村提留统筹和农业税，实行了粮食直补、良种补贴、整地补贴、购买大型农机具补贴等一系列惠农政策，进一步调动了农民种粮的积极性。全县老区呈现出社会稳定和谐，经济快速发展，社会主义新农村建设扎实推进的良好局面。2012年，粮食总产量20.6亿斤，同比增长12.6%。完成农村劳动力转移5.8万人，劳务收入突破4亿元。全县农民纯收入实现10 152元，同比增长304%。不断加大新农村建设力度，建设省县级新农村示范村19个，通村公路2 083公里，实施农村饮水安全工程19处，改造泥草房3 354座。全年植树造林3.5万亩，森林覆盖率达到20.27%。启动实施了"时代新城"建设项目，老区生产生活条件逐步改善。

实施"产业立县"战略，大力振兴地方企业。改革开放之初，多数工业企业规模较小，生产设备陈旧，生产工艺和技术较落后，产品无力更新换代，地方工业曾一度陷入困境。随着社会主义市场经济的逐步建立和完善，通过对国有工业企业实施改

革、改造、改制，使企业不断发展壮大，地方工业逐渐走出低
谷。尤其是党的十六大以后，本着建设资源节约型、环境友好
型、经济循环型企
业，国有企业开始进
行产权制度改革，实
行"国退民进"政
策，民营工业迅猛发
展。以资本、资源、
项目为纽带，以品牌
产品和企业集团为依
托，努力用高新技术改组、改造传统工业结构，促使地方工业在
计划经济向市场经济体制转轨过程中迅速崛起。1976年10月以
后，本县地方工业发展，一直处于上升趋势。党的十一届三中全
会以后，中央提出对整个国民经济实行"调整、改革、整顿、提
高"的方针。为了贯彻这一方针，搞活经济，集贤工业各企业都
逐渐改善了经营管理，实行了经济责任制。充分利用市场调节的
作用，实现增产增收。进入1981年以来，经委系统实行以财物包
干为主要内容的经济责任制，使长期以来"吃大锅饭"的问题在
管理体制上开始得到解决，兼顾了国家、企业和职工个人三者利
益，在一定程度上调动了广大职工的社会主义积极性，推动了生
产的发展。1981年经委直属包干企业工业总产值实际完成1 441万
元，比上年增长24%，可比产品总成本降低6.3%。盈利企业的盈
利额实现79.1万元，盈亏相抵后实现利润2.2万元，为计划7万元
的3倍多，摘掉了从1970年以来连续11年的亏损帽子。到1998
年，全县有工业企业128户，分布于冶金、机械、化工、煤炭等
12个行业，主要产品有水泥、防盗门、钢窗、医药、白酒、啤
酒、橡胶等60余种。其中铁马牌防盗门是国家技术部门正式批准

的安全防盗产品，产品畅销全国200多个市县。远销韩国、日本、俄罗斯、中国香港等国家和地区。2012年，全县工业总产值实现180亿元，同比增长38%，利税实现20.5亿元，同比增长10%。

坚持"流通活县"举措，促进商贸业大发展。集贤有史以来商品集散地和流通中心的区位优势就十分明显，对周邻县、县周边农林牧场具有较强的吸引力和辐射力。全面推行商业流通体制改革后，引入了竞争机制，使商贸企业全方位走进市场，多种经济成分、多条流通渠道、多种经营形式并存的商贸消费流通市场体系日渐形成，逐步实现了由卖方市场向买方市场的转变。尤其是党的十五大以来，在国家一系列扩大内需、活跃经济的宏观调控政策的持续作用下，集贤县的商贸市场规模不断扩大，极大地丰富和活跃了城乡消费市场，初步形成了服装、百货、家电、副食、粮油、农机、药品、建材等市场体系。以步行商业街为中心，以昌盛大厦、四海商城为龙头商贸网络新格局已基本形成，各种商贸店铺遍布大街小巷，各类商品琳琅满目，市场高度繁荣，物资供过于求，给广大县民购物以充分的选择余地。同时，集贤县本着"建设大市场、繁荣大贸易、促进大流通的"发展思路，以把集贤县建成省内东部地区重要的商品集散基地为目标，出台优惠政策，优化投资环境，市场开发取得了突破性进展。到1998年，全县共建成各类集贸批发市场39处。其中占地1.7万平方米的商贸城市场是"全国文明市场"，其商品辐射了周边20多个市、县、煤矿和农场，并带动了本县农副产品，特别是蔬菜生产的规模发展。同年，全县社会消费品零售额达3.7亿元，市场交易额达2.6亿元，1998年，集贤县利用地缘优势，引资4 000多万元，实施商贸城西扩、百货大楼东扩和昌盛大厦、建材批发市场4大建设工程，4项工程均是当年立项、当年施工，竣工后将新增市场面积3.5万平方米，安排从业人员1 220人。2012年，社会消费品零售额实现11.4亿元，同比增长16.1%。

非公有经济迅速壮大，招商引资成果丰硕。改革开放以来，集贤县积极鼓励和支持非公有经济发展，全力营造政治上认同，社会上尊重，政策上支持，经济上保护的良好氛围，调动和激发民间投资的积极性。重点优化非公有经济发展环境，对非公企业实行挂牌保护，严厉打击阻碍非公有经济发展的行为，最大限度地为投资者提供方便、快捷、高效的服务，为非公有经济健康发展打造良好、宽松的环境。1998年，个体私营业户发展到1万户，五年增加5 189户，从业人员1.4万人，分布于农牧渔业、采掘业、制造业、建筑业、交通运输仓储业、批发零售贸易餐饮业、社会服务业等8大行业，已成为县域经济、老区发展的重要组成部分。集贤县抓住千载难逢的历史机遇，实施全方位对外开放，坚定不移地实施"引进来、走出去"的战略，不断优化发展环境，制定和完善了一批招商投资优惠政策，扩大对外交流合作，招商引资工作取得了丰硕成果。仅2012年一年，全县共实施招商引资项目18项，其中：新上项目9项，续建项目9项，到位资金50.6亿元，完成县下达任务指标的112.5%。重点推进了总投资20亿元的华本生物质资源化、总投资8亿元的长发煤矿建设、总投资11亿元的粮食商贸物流和总投资20亿元的四达中俄国际贸易中心等项目。成功招引了总投资10亿元的天兴升昌粮食产业园区和总投资4.18亿元的稻谷加工及玉粒煨饭米等项目，产业项目发展规模不断扩大。同时，集贤经济开发区先后被省工信委批准为新型工业化产业示范基地、被省商务厅命名为省级先进开发区、被省农委确定为省级绿色食品加工园区。

第三节 加强基础设施建设

党和人民政府十分重视老区设施建设，主要街道先后进行了拓宽改造，道路通行能力有很大提高，极大地降低了环境污染程度；城区出城道路全部与省、乡公路干线接通，为建设区域性中心城市奠定了基础；楼房开发建设面积猛增，居民小区已形成规模，市民的居住条件得到基本改善；城乡供水能力有所提高，排水畅通，集中供热等公共设施配套完善；城市规划管理井然有序，城乡面貌焕然一新；电力事业已形成产、供、管一体化的电力体系，不仅满足了居民生活用电的需求，还为各行各业生产输送出强大的动力；水利工程建设投资猛增。县委、县政府通过不懈的努力使城市不断提档升级。

改革开放后，集贤城乡建设速度飞速发展，老区面貌发生了翻天覆地的变化，市容市貌焕然一新。街道宽敞笔直，路灯明亮，隔离带花艳树绿。

道路交通建设。集贤县是三江平原东部地区商品流通集散地。陆路同三、依饶、双桦等高等级公路贯通全境，铁路客货运输通达全国各地，空运距可起降大型客机的佳木斯机场40公里，水运毗邻佳木斯、同江、富锦、饶河等对俄贸易口岸，境内铁路和公路四通八达，具有方便快捷的交通优势。1982年以来，县政府加强了乡村公路的建设规模，到1985年实现了县乡相通、乡村相通、村村相通。全县乡级公路运输4条234公里，村级公路35条148.9公里，投资353.75万元，新建路基57.5公里，新建路面72.8公里，改建路基97.3公里，公路整修130.6公里。1989年到2005年，地方道路建设连续15年被省委、省政府授予地方道路建设先进县、甲级县、金牌保持县、开放县、标杆县、全优县。2003年，修建通乡公路25.8公里，总投资1 589.45万元。其中，国投387万元，省投774万元，自筹420万元。修建福利镇至太平镇公路，全长13.841公里；修建腰屯乡公路，全长4.471公里。2004年，通乡公路总投资2 463万元，上级补贴1 640万元，地方筹集82万元。修建通乡公路31.3公里，修建城区路17 388平方米。到2012年，全县有农村公路809.735公里。其中老区公路65.226公里、乡级公路517.491公里、村级公路287.018公里。2006年，全年交通运输、仓储和邮政业增加值7 657万元，比上年增长4.1%。交通综合运输能力不断增强，全年货物周转量7 064万吨公里，比上年增长22.3%；旅客周转量20 619万人公里；比上年增长11.0%。同时，立足独特的交通区位优势，建成各类综合、专业市场40多处，辐射全国28个省，150多个城市及俄罗斯等国际市场。集贤商贸城发展成为全省十大农副产品批发市场、全国文明市场。板子房瓜菜市场占地10万平方米，辐射西瓜种植基地20多万亩，是全国最大的西瓜专业批发市场。三江农资批发市场建设项目占地14万平方米，是我省东部最大的农资专业批发市场。邮电通信业继续保持较快增长。全年完成邮电业务总量5 594万元，比上年增长2.9%。其中，邮政业务总量1 910万元，增长6.6%；电信业务总量3 684万元，增长1.1%。全年固定电话用户43 234户。其中，城市电话用户15 719户，乡村电话用户27 515户。全县移动电话用户101 447户，联通33 000户，增长28.4%。互联网宽带接入用户5 340户，比上年增长25.3%。

城区供水。2004年，城镇供水管网线长已达到92公里，供水深井8眼，井深120米，并管直径350毫米，单井出水量每小时80立方米，日供水能力为1万立方米。在铁南区段设加压泵站一座，日供水能力为3 840立方米。有机泵8台，泵用电动机3台，焊机1台，钻床1台，变压器4台。汽搋式管道清洗机1台。至此县城福利镇29 157户、居民6.5万、个体商服1 000家的生产、生活用水得到解决。年供水380万吨，其中生产用水190万吨，生活用水120万吨，人均用水量近7立升，用水普及率达到81.25%。2000年，集贤县出席了全国水质(杭奶)会议。2009年，福利镇第二水源工作进行可行性研究和初步设计，2003年立项。项目规模:水处理厂（包括曝气池、快滤池、送水泵房吸水并清水池生产业务房、机修车间)。配水管网、水井加压泵站、水源地输水管线、水源地电力外线安装等。共需资金5 904万元，到位资金910万元，其中2003年国家预算内专项资金250万元，省专项预算资金250万元，省配套资金60万元。2004年，供水管网情况运行良好，实现了正常供水。全县已有集贤、丰乐、升昌、太平、沙岗等乡镇70个村屯吃上了自来水，其中老区村12个。

园林绿化。不断加大城市绿化工作力度。1985年1月14日，成立园林绿化管理处，为股级单位，核定事业编制11名。1994年1月，园林绿化管理处与市政工程处并成立市政工程管理处，园林绿化管理处改为园林组，编制增到15名。1994年9月，园林组从市政管理处分出，成立园林绿化管理处，人员增编为19人。1985—1994年，对街路树木进行剪修，在

通乡路绿化

保卫路、安邦街、双福路、卫生街植树1 456株。临街单位鲜花成活95%以上，第一中学、第三小学、加油站、自来水公司被授予省级、市级庭院绿化先进单位称号。1995—2002年，对前进路、

建工路南段进行街道绿化树种改造，把原有树木去掉，重新栽植垂柳、龙须柳等树木共336株。县政府庭院、财政局小区栽种榆树1.8万株、花灌木62墩、垂榆96株。2003—2005年，对镇内408棵大树进行移植，对铁南、保卫路、友谊街东段栽植银中杨560株，建工路垂柳130株，友谊街东段垂柳150株，共移植栽植1 270株。2012年，全年植树造林3.5万亩，森林覆盖率达20.27%。

第四节　全面发展社会事业

以党的十一届三中全会的召开为契机，坚持以人为本，全面发展老区各项社会事业，维护社会和谐稳定，提高老区群众生活质量和幸福指数，科教战略深入实施，科技支撑作用明显增强。

教育事业不断发展。自1914年由当时的国强街基（现升昌镇）国强创办第一所私塾开始，历经"中华民国"、伪满洲国和中华人民共和国三个不同的历史时期。改革开放以来是集贤县教育事业蓬勃发展的重要时期。各级政府加大了对教育的投入，县、乡、村办学形成规模。特别是从恢复高考到1999年，集贤县为上级高校输送的人才更是成绩喜人，升入大专的5 925人，中专的有1 533人。老区办学条件得到改善，教师队伍素质有了较大提高，教育改革不断深化加强。1997年基本完成了普及九年义务教育工作的任务，并顺利通过省级验收，"十五"期间全县教育事业实现了质的飞跃。1985年，开始教育体制改革。一是实行三级办学，分级管理。县办城镇中小学、农职高中、教师进修学校；乡镇办乡镇中学、乡镇中心小学；村办村小学，联办村中学。各乡镇政府成立教育办公室，编制7人，撤销原乡镇中心校，由主管副乡镇长兼任教育办公室主任，原中心校长任教育办公室常务副主任。二是实行校长负责制。校长由上级任命和民主选举产生。三是实行教师聘任制。校长根据上级编制数，从教师职工中选聘教职工。2002年10月，县政府下发《集贤县落实"以县为主"教育管理体制的实施意见的通知》，再次开始教育体制重大改革。调整了学校布局，优化了师资配备。乡镇初中10所，学生4 485人；中心校8所，村小学50所，学生10 214人。农村教师1 095人，其中初中教师363人，小学教师732人；其中本科学历167人，专科学历564人，中专324人。初中教师学历达标率98.9%，小学教师学历达标率99.86%，初中专任教师合格率95%。2005年12月，县政府将拖欠教师工资全部予以发放。县政府筹措资金639万元，解决18所学校危房改造项目，总建筑面积20 276平方米。2012年，共争取政策性资金3 070万元，其中，农村义务教育公用经费1 774万元、校舍安全工程资金493.4万元、公办幼儿园专项资金121万元、高中助学金99.4万元、中等职业教育专项经费33万元、薄弱学校改造专项资金407万元、寄宿生补助94.6万元、校车补助资金52万元。到2012年，集贤县共有中小学83所，老区中小学校11所，集贤县直初中5所，小学6所，九年一贯制学校1所，乡镇中心校8所，初中10所，老区村小学10所。另外，私立学校两所，全县共有在校生34 526人。集贤县教育系统固定资产总值8 422万元，校舍面积18.5万平方米，校园面积155.8万平方米，其中老区村15万平方米。

社会文化不断进步。老区群众文化活动蓬勃发展，文艺创作硕果累累，文化市场空前繁荣，文化设施更加完善。节日系列文化活动、广场文化活动广泛开展，社区、企业、校园、乡镇文化异常活跃。文艺社团、文艺专业户不断涌现，歌曲、戏剧、书画、剪纸等文艺作品屡屡获奖。文化经营市场健康发展，场所管理不断规范。文化广场、青少年活动中心、文化活动中心、庆华文化宫陆续改造建成，乡镇文化站、农民文化书屋、农家文化大院逐步配套完善。集贤县全面推进"文化下乡、文化兴乡、文化留乡"工程建设，已拥有各类文艺骨干3 000多人，常年参加活动的县直1 800多人、乡镇1 200多人、其中国家级会员24名、省级会员25名，县级会员320多名。全

老区村文化广场

县文学艺术团体分为文学、诗词、书法、曲艺、绘画、舞蹈、美术、摄影8个协会。集贤县内共培植、扶持、巩固了五个文艺群体，其中老区升昌镇美术群体115人，为省级优秀文艺群体。县城"星辉印社"11人，"七星诗社"有19人是中华诗词学会会员。二校美术群体76人，"绿洲文学社"8人为市级文艺群体。城乡书画研究会37人，农民画研究会45人、农民管乐队26人、邮政铜管乐队39人，声乐、器乐协会65人为县级标准。集贤县已拥有各类文艺骨干3 000多人，常年参加活动的达3 000多人，其中国家级会员5名，省级会员25名，县级会员320多名。 1979—1981年被评为省地先进单位，文化馆达到省标一级馆水平。1982年—1992年间，群众文化艺术创作有拉场戏、二人转、群口快板等十几个作品获省级奖励或在省级刊物上发表，小戏《世上只有妈妈好》获文化部"群星奖"，并被推荐参加了中央电台春节大联欢节目。美术创作有一批工人、农民的作品曾获省级以上奖励，《明月禾锄归》《北方泪》等是反映乡土绘画的杰作。2012年，全县工艺美术行业产值2 000万元，直接和间接安排劳动就业超过550人，创作队伍达到160人。2013年，双鸭山市人民政府决定授

予集贤县屈德永、李杰、刘荣富、张福生、田承坤、闫照杰、何昌余7位为双鸭山市首届工艺美术大师称号。

医疗事业不断提高。老区卫生医疗网络初步形成，医疗卫生技术条件有较大改善，医疗卫生服务水平明显提升，人民健康水平显著提高。2007年全县新农合工作在县委、县政府的高度重视下，在各乡镇及成员单位的密切配合下，全县参合农民146 169人，参合率90.7%，与2006年相比，参合人数增加11 881人，参合率增长6.2%。2007年农民个人缴费按10元标准共收缴资金146.17万元；县级财政按3元标准补助资金43.85万元；中央财政补助资金341.36万元，省财政补助资金248.49万元未到专户。自我县被列为新型农村合作医疗新增试点县以来，我县财政补助资金均及时足额到位，连续二年受国家财政部驻省专员办、省财政厅、省卫生厅评审时好评。全县共有卫生机构318个。其中县综合医院1个，卫生院8个，专科防治所2个，疾病预防控制中心1个，妇幼保健站1个，民营医院5个，村卫生所室227个。年末全县卫生机构床位数1 024张。卫生技术人员1 524人，其中执业医师及执业助理医师428人，注册护士330人。到2012年，全县参合人数为158 892人，参合率达到99.31%。新农合人均筹资标准达到290元；最高支付限额达到10万元。新农合制度覆盖率达到100%。政策范围内住院费用报销比例达到75%。新农合基金运转安全平稳，政策深入人心，参合农民对新农合政策满意度逐年上升。全县228家村级卫生室基药工作全面启动，降低了农民就医成本，

基本实现了"小病不出村"。县疾控中心被授予"全省艾滋病防治工作先进单位""全省慢性病调查工作先进单位""全省农村生活饮用水监测工作先进单位"和"全省疾病控制信息工作先进单位"等荣誉称号,县结防所被授予"全市结核病防治工作先进集体"荣誉称号。

体育事业不断壮大。以全民健身为载体的群众性体育活动在老区普遍开展起来。以田径、射击、速度滑冰、滑雪为主要内容的竞技体育成果显著,一大批优秀运动员被输送到各级体校、体工队、国家集训队和国家专业运动队。集贤县始终把体育基础设施建

体育馆和文广大厦

设视为贯彻执行党和国家体育方针的必要保证。多年来,集贤县从加大宣传,管理、监督、指导和服务力度入手,使电脑体育彩票安全运营,确保了其在县域体育产业中的支柱地位,仅2005年体育彩票销售额达1 800多万元,我县获公益金160多万元。另外,通过搞好体育场馆的综合开发利用获取良好的经济效益与社会效益。体育馆坚持有偿服务和无偿服务相结合的原则,面向社会开放,投入使用以来,举办了12次大型体育竞赛,5次大型文艺演出,4次商品展销会,丰富了群众文化生活的同时拉动了县域经济发展,扩大了集贤县的社会知名度和影响力。结合关心下一代工作,依托县青少年体育俱乐部开办了乒乓球、篮球、体育舞蹈、跆拳道、武术和棋类培训班。利用假期举办竞赛活动,吸引了大批青少年自觉地加入体育组织,参加喜闻乐见的体育活动,使青少年体育俱乐部进入自我管理,自我发展阶段。集贤县

完成了县体育馆的续建工程，体育馆内设2 100个观众座席、铺设了符合国家标准的运动地板，安装了电子大屏幕、多功能音响及电子记分系统和国际标准篮球架，总造价近700万元，在全省县级体育馆中属一流水平。2002年，在县休闲广场内修建了9 000多平方米的体育场地，内含4块篮球场地，一块健身路径场地，集贤县门球场由原来的4块增加到了6块。积极争取上级业务部门支持，先后将15套总价值100多万元的"全民健身工程"捐赠器材安装在福利镇、峰源小区和部分老区内，进一步巩固了公共体育场所在全民健身活动中的主阵地地位。

古文化遗址不断发掘。集贤老区古文化星光璀璨。在域内发现各类遗址214处，遗址数量居省内各县第二位。其中，由满族先祖挹娄人营造的遗址183处，有全国重点文物保护单位滚兔岭城。1984年，在该城址出土文物60余件，此城址被命名为滚兔岭文化。省级文物保护单位4处。包括东辉古城址、索伦岗遗址群（保护29处）、古城山遗址群（保护28处）。2004年10月，在索伦岗遗址群中的永红西遗址清理

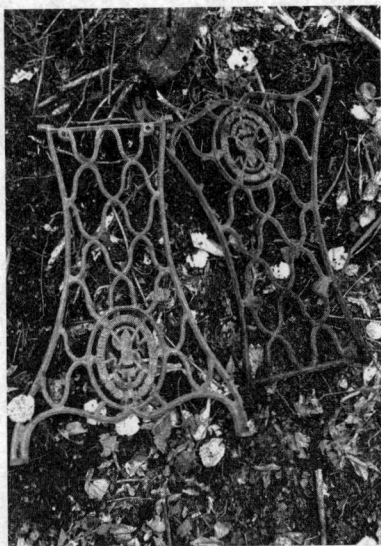

脚踏缝纫机架

灰坑3处，出土文物240余件，其中骨器形制多样，在省内极为罕见。全县现存文物500余件，标本2 000余件。包括铁器、石器、陶器、骨器、玉器、牙器、青铜器等。"七星峰七仙女""索伦岗救命草"的美丽传说和抗联英烈的英雄故事为集贤地域文化增加了许多传奇色彩。滚兔岭城址内涵极为丰富，在全省乃至全国有着很高的知名度。1999年被黑龙江省人民政府批准为省级文物

保护单位。2001年5月，被国务院公布为第五批全国重点文物保护单位。其重要发现：（1）1981年，吉林大学师生在三江平原进行文物普查时发现。（2）1984年6月30日—8月27日，黑龙江省考古研究所对滚兔岭城址进行发掘，出土石器、骨器、铁器共计60余件，因其出土陶器具有角状把器耳，树立了本地区考古学文化的标杆，被命名为滚兔岭文化，在中外史学界占有重要的地位。

第八章 集贤的复兴

第一节 经济企稳向好

党的十八大以来，集贤县委、县政府认真贯彻中央、省委、市委决策部署，团结带领广大党员干部群众锐意进取，攻坚克难，扎实工作，老区经济企稳向好。

2013年，地区生产总值实现126.6亿元，公共财政收入实现4.04亿元，固定资产投资完成107亿元，外贸进出口总额完成1.2亿美元,连续两年被省政府评为工业发展"十强县"。

2014年，全球经济放缓，集贤人民沉着应对、负重前行，全县地区生产总值实现74.2亿元，财政总收入实现8.3亿元，社会消费品零售总额实现22.5亿元，城镇和农村常住居民人均可支配收入同比分别增长8.7%和10.1%。保证了全县工资水平稳中有升，保证了民生事业的各项投入，保证了各项产业的顺利推进，保证了社会和谐稳定。

2015年，县委常委会牢牢把握稳中求进的工作总基调，积极应对经济社会发展新常态，全县地区生产总值实现752 000万元，公共财政收入实现19 960万元，城镇固定资产投资完成170 000万元，社会消费品零售总额实现238 000万元，外贸进出口总额实现8 893万美元。城镇居民人均可支配收入实现22 397元，农村居民人均可支配收入实现12 734元。

2016年，地区生产总值实现67.67亿元，公共财政预算收入实现2.1亿元，城镇固定资产投资完成18.46亿元，规模以上工业增加值实现4.8亿元，社会消费品零售总额实现26.79亿元，经济发展实现由逐年下滑转向企稳回升。

面对全国"三期叠加"、经济持续下行压力，县域经济社会在曲折和困境中稳步发展。县委常委会全力以赴稳增长、调结构、促发展，自2016年止住了连续几年下滑后，2017年各项主要经济指标都有较大幅度增长。固定资产投资完成20亿元，全县社会消费品零售总额完成28.3亿元，城镇常住居民人均可支配收入达到21 924元，农村常住居民人均可支配收入达到13 972元。财政收入增幅达到19.4%，进入全省前十的行列；地区生产总值实现73.6亿元，同比增长5.5%，全市排名第一；规模以上工业增加值增幅11.3%，全市排名第一。七星山森林公园成功晋升国家级，安邦河国家湿地公园评为国家环保科普基地，两大景区共同获评"双鸭山20家群众最喜爱的旅游景区"前两名。先后被评为

"黑龙江省文明城市""全省培育和践行社会主义核心价值观示范县"荣誉称号，"五个功能区"建设取得了十分丰硕的成果，老区经济呈现全面复苏向好态势。

第二节　农业结构调整

全县耕地总面积190.7万亩，以大豆、水稻、玉米种植为主，是黑龙江省重要的商品粮基地。2013年，创建粮食高产示范片5个，建设现代化农业示范区12个，在同三、依饶、双桦公路沿线建设了3条总面积68万亩的现代农业示范带，被省政府确定为全省"两大平原"现代农业综合配套改革重点县。畜牧业产值实现17.6亿元，荣获全国生猪调出大县和全省疫病防控先进单位等荣誉称号。新农村建设不断加强，老区改造泥草房500户，实施农村饮水安全工程22处；植树造林面积1万亩，森林覆盖率达到26.3%。完成农村劳动力转移7.58万人（次），促农增收6.75亿元。

2014年，粮食生产喜获丰收，总产达到19.16亿斤。打造省级高产创建示范区2个，建设百吨水稻智能催芽基地2个，现代农业示范区7个，在同三、依饶、双桦3条公路沿线建设了总面积72万亩的现代农业示范带。绿色食品种植面积达到87万亩，发展各类农民专业合作组织118家。被评为全国粮食生产先进单位和国家级出口食品农产品质量安全示范区。建立了农村资产产权交易中心，完成土地流转面积18.6万亩，被省政府评为新型农业服务主体建设先进县。培育各类养殖专业户1 340户，畜牧业产值实现18.3亿元，同比增长2.2%。新农村建设不断加强，星级村屯评定全面铺开，完成植树造林面积5 000亩，绿化村屯30个，全县33个村被省政府评为省级生态村,实施饮水安全工程19处,改造危房500座,实现劳动力转移7.1万人(次),促农增收6.48亿元。

大力发展优质高效农业,全县绿色食品种植面积达到79万亩,无公害农产品认定面积达到190万亩,培育各类养殖专业户1 240户,粮食总产达到195,300万斤,实现十二连增。以农业经营主体创新为核心,以农村土地制度创新为基础,突出示范引领,积极推进现代农业综合配套改革。发展各类专业合作社299家,其中,永胜农机合作社被命名为省级规范社;建立了农村资产产权交易中心,推进土地流转面积24.1万亩。完成了福利镇高丰村高科技示范区和腰屯乡双山村智能程控浸种催芽车间建设,沿同三公路建设了19.58万亩的优质粮示范带和2万亩的新技术推广应用示范带。同时,扎实推进美丽乡村建设,全年共改造泥草房240户,实施农村饮水安全工程32处,创建省级生态村14个,城乡统筹和生态文明建设步伐加快。

2016年,玉米种植面积调整到143万亩,水稻种植面积增加到24.5万亩。建设100吨智能水稻催芽车间4个,组建千万元以上现代农机合作社10个。新建高效节水灌溉工程300处,灌溉面积40.5万亩。粮食生产及仓储能力得到加强,每年粮食总产稳定在19亿斤以上,仓容能力由2011年的30万吨增加到100万吨。

持续调整农业产业结构,提升老区农业综合生产能力,积极优化种植结构。2017年,减少玉米种植面积26.6万亩,水稻、大豆、经济作物种植面积分别增加9.1万亩、13.3

老区村改造低产田

万亩、1.2万亩，全县种植结构得到进一步优化。扎实推进土地确权颁证工作，完成155个行政村的外业测量和数据录入。鼓励、引导、支持新型经营主体发展壮大，新成立23家合作社，18个家庭农场。实现土地流转面积50万亩，"三减"示范区面积达到20万亩。与东北农业大学合作成立科技创新联盟，建立东北农大集贤县博士流动工作站，科技创新成为推动集贤农业提质增效、科学发展的重要推动力之一。坚持把发展畜牧业作为开展"粮头食尾"的重要抓手，年生猪出栏20万头，肉牛出栏0.9万头，家禽出栏27万只，畜牧业产值预计实现6.5亿元。积极扶持林下养殖业和特色种植业，北药种植面积新增6 369亩，食用菌培植超过5万段（袋），林下经济规模不断壮大。

第三节 产业规模壮大

集贤县始终坚持把产业项目作为拉动老区经济增长的核心要素和关键举措。2013年，共实施招商引资项目26项，实现到位资金55.7亿元，同比增长18.5%。其中：成功招引了总投资4.2亿元的吴越农业科技产业园项目，重点推进了丰源生物柴油、北京三聚化工集团甲烷项目等。同福麦业的"同鑫牌"商标申请全国驰名商标成功，实现了双鸭山市零的突破。省级开发区晋级工作已顺利通过验收，被农业部批准为国家级农业产业化示范基地。

2014年，受经济下行冲击影响，规模以上工业增加值实现8.1亿元，同比下降69.5%。但全年省市重点产业项目开复工率达到100%，投资完成率达到102.7%。实施招商引资项目18项，利用省外资金项目15项，实现到位资金42.8亿元。三江国际汽车城完成5家4S店建设；天兴升昌物流园区项目基本完工，正在进行相关附属工程建设，与中纺集团商讨合作事宜；吴越农业科技产业园项目粮食仓储、烘干项目已完工，精制米加工项目已完成主体工程建设；三聚华本液化天然气项目已完成土建工程和设备订购。广州恒大集团正式落户集贤，高端非转基因压榨大豆油产品已经面世，正销往全国各地。对俄贸易规模不断扩大，对俄过货量位列全省第四名。四达中俄国际贸易中心内佟二堡皮革城入驻198家，海宁皮革城入驻48家，玉石珠宝销售加工企业入驻4家。七星峰兵工厂、被服厂等旅游景点已对外开放，游客接待量达到10万人（次）；安邦河国家湿地公园接待游客量达15万人（次）。

2015年，突出以投资拉动经济增长，加大了招商引资和产业项目建设力度，全年招商引资到位资金242 800万元，开复工产业项目15项，完成产业项目投资117 000万元。其中，总投资35 000万元的华本集团液化天然气、总投资42 000万元的吴越农业科技示范园区等一批拉动力强的大项目有序建设。加快发展第三产业，四达海关实现贸易额305万美元，大型综合商业、安邦河湿地公园和七星峰森林地质公园整体开发等项目积极推进，对俄贸易、商贸服务和文化旅游产业基础进一步夯实。

2016年，多渠道开展招商引资。共洽谈了青岛蓝天复合肥生产、山东莱阳有机蔬菜加工等21个项目，签约了北京盛运生物质热电联产、华泰农产品交易等6个项目。共实施500万元以上产业项目21个，其中亿元以上项目11个，总投资66.86亿元，当年完成投资12.9亿元，同比增长7.2%。高质量提升第三产业。对俄贸易持续扩大，累计过货量1.6万吨，交易额实现1 049万美元。积极推进电子商务发展，建设了四达颐高国际电商产业园，已入驻电商企业27家，开发建设了农道东北印象等5个网络交易平台，优质农产品通过网络销往全国各大城市。商贸物流纵深发展，建成了电商物流仓储库，入驻物流配送企业4家，发展典型电商企业30家。全县三次产业增加值由2011年的35.1∶47.5∶17.4发展到2016年的28.4∶23.4∶48.2，第三产业逐步成为拉动经济增长的中坚力量。

围绕做好"三篇大文章"，深入分析老区优势短板，开展产业项目建设。2017年，在改造升级"老字号"上，积极引导传统产业技改升级。由华本集团投资15.5亿元，引进费托技术，建设年产液化天然气6.4万吨、油品4.6万吨、软蜡硬蜡13.3万吨的生产线项目。在深度开发"原字号"上，以"农头工尾""粮头食尾"为导向，延伸产业链条。引进了总投资10亿元的威克特生物饲料加工生产线项目、总投资20亿元的鸿展30万吨特优食用酒精提档升级项目、总投资20亿元的大北农百万头生猪一体化项目等。这些项目年可消化原粮200余万吨，大大提高了农产品附加值和市场竞争力。在培育壮大"新字号"上，大力发展绿色、有机、高端生态产品项目。引入了鑫源菌类生产加工项目，年产菌袋300万袋；森蓝3万亩蓝靛果繁育种植加工项目，年加工蓝靛果2万吨。此外，一批充分发挥优势、补齐发展短板的产业项目正在孕育生成，为集贤经济转型振兴打下良好基础。

坚持"抓招商就是抓发展"的理念，通过"走出去、引进来"的方式，先后赴北京、广东、浙江等地，开展招商推介项目洽谈活动；邀请俄罗斯萨哈雅库特共和国那姆斯基区政府、俄罗斯远东工商会、浙江颐高集团、北京常氏鸿图集团等政府或企业团体，进行项目投资考察洽谈；组团参加第十三届深圳文博会、第二十八届哈洽会、第五届绿博会和第二届双鸭山经贸合作企业家恳谈会，宣传推广集贤优势与产品。全年招商引资到位资金实现20亿元，拉动了老区经济快速发展。

2017年共实施500万元以上产业项目25项。其中，总投资十亿元以上项目3项，总投资亿元至十亿元项目9项。"顶天立地"的大项目，成为推动经济复苏振兴的中坚力量。在抓"大"的同时不放"小"。全年总投资500万元至亿元项目13项，包括总投资1 200万元的永胜肉牛养殖基地项目、总投资1 100万元的凯华凯立汽车4S店项目等。"铺天盖地"的小项目，成为优化项目结构、产业结构、经济结构的有益补充，助推集贤经济持续健康发展。积极发展电子商务产业，完成电商产业园"一园十区"功能区建设，入驻企业22家，在122个村建立了连接终端，县内特色产品正在走向全国。全年实现电商产品上行交易额4 000万元，是去年的2.5倍。深入挖掘七星峰红色抗联文化资源，实施抗联影视基地B区冰雪旅游项目，景区首次实现冬季开门纳客。七星峰森林公园成功晋升为七星山国家级森林公园，为打造宜居、全域旅游创造了有利条件。2017年9月，七星峰森林公园和安邦河国家湿地公园获评"双鸭山市20家群众喜爱的旅游景区"前两名，旅游产业正成为新的经济增长点。

第四节　惠及民生福祉

县委常委会坚持以民为先的工作理念，不断加大投入力度，创新工作举措，健全保障机制。以四达中俄国际贸易中心、九年一贯制学校及公立幼儿园、人民医院内科楼、西外环路、站前广场等为代表的十四项及其他重点民生工程扎实推进，为实现业有所就、学有所

教、病有所医、居有所乐目标奠定了坚实基础。教育基础设施不断改善、教学水平全面提升，全年学前三年入园率达69.2%，义务教育阶段巩固率小学、初中分别达到100%和99%，高中毛入学率达到97%。医疗体制改革不断深化，乡镇卫生院人事制度改革全面完成，乡镇卫生队伍进一步优化。新农村合作医疗和城镇居民基本医疗参保率分别达到99.89%和100%。城乡社会保障体系不断完善，城市低保保障标准由每人每月270元提高到305元，农村低保保障标准由每人每年1 380元提高到1 800元；全年发放城乡低保资金3 320万元。全县8个乡镇文化站已于5月全面建成并投入使用；成功举办了第二届冰雪文化艺术节，丰富了老区群众的业余文化生活。

四达中俄国际贸易中心、西外环路、一贯制学校、公立幼儿园、人民医院内科楼、七星广场、站前广场等民生工程已经建成并投入使用，城市功能得到进一步完善。教育投入力度不断加大，新增市级标准化合格学校2所，完成了职教中心和第三小学建设，集贤中心校被评为全国教育系统先进集体。医疗卫生体制改革不断深化，公立医院改革稳步推进，乡镇卫生院人事制度改革成果得以巩固，基本药物制度实现全覆盖。社会保障体系更加完善，新型农村养老保险和城镇居民养老保险参保率分别达到80%和98%。城市低保救助标准每人每月提高到400元，农村低保救助标准每人每年提高到2 280元，全年发放城乡低保资金4 673万元，被民政部授予"全国五保供养工作先进县"荣誉称号。多渠道开展就业咨询服务，全县实现城镇新增就业4 037人，下岗失业人员再就业3 158人，城镇登记失业率控制在3.9%以内。文化体育事业蓬勃发展，县内8个乡镇文化站全部免费对外开放，成功举办了庆"十一"大型文艺演出、全民健身操大赛等文化体育活动，提高了老区人民群众身体素质和健康水平。

扎实推进民生工作，坚持把保障和改善老区民生放在更加突出的位置。多渠道开展就业咨询服务，城镇新增就业3 742人，再就业2 843人。着力加大了教育投入，加快推进公办幼儿园和省级标准化先进学校建设，新建第三小学已正式开学，异地重建的第七中学、第四中学已投入使用。稳步推进公立医院改革，重点强化了中医服务体系建设，公共卫生事业发展活力明显增强。推进了文化体育事业发展，建设村级文化广场及活动室30个，农家书屋实现行政村全覆盖；成功举办了第七个"全民健身日"活动，丰富了群众业余文化生活。以"一创两建"为牵动，深入开展了"中国梦·身边事""德礼集贤"等群众性精神文明创建活动，启动了"邻里守望·情暖集贤"等志愿服务活动，弘扬了社会主义核心价值观，形成了良好社会风尚。集中开展了全县环境整治活动，对城乡主次干道、过境路段、集贸市场、老旧小区、背街巷道进行了专项整治，整修县内巷道21条。加大了交通巡查管控力度，严查酒后驾驶、占道停车等违章违法行为，维护了安全顺畅的交通秩序。推进了道路、供水、供热等基础设施建设，实施了大菩提寺以及友谊街至西外环道路建设工程，改造旧城区供水管网5 943米，新增老旧住宅小区供热并网面积9.8万平方米。以创建幸福社区为目标，强化了社区服务功能，社区建设服务水平进一步提升。成立了社会救助大厅，城镇低保标准每人每月提高到500元，农村低保标准每人每年提高到3 504元，社会救助工作有了新突破。

高度关注和保障民生，大力完善基础设施建设，投资1 922万元，建成9.5公里的七星峰旅游公路；维修城市巷道21条，完成了30万平方米具有建筑节能改造的设计工作；通过消化存量房的方式，解决棚户区居民搬迁新房问题，共消化120套，1万平方米；新增老旧住宅小区集中供热并网面积7.26万平方米，铺设城乡排水管线8.3公里；整修农村公路278公里，改造农村泥草危房1 336户。积极发展社会公共事业。投资2 278万元对永安二中和14所薄弱学校基础设施进行新建。加快完善养老服务设施，投资1 600万元的福利院养老护理楼建设项目已经封顶。投资1 000余万元，为富强等4个社区购买、建设了总面积3 000余平方米的社区用房。县域大病保险报销起付线由原来的1.1万元下降一半至5 500元。持续加强就业再就业促进工作。全县城镇新增就业3 575人，失业再就业2 180人，群众收入水平和生活质量得到较大提升。

坚持老区为先的工作理念，不断加大投入力度，创新工作举措，健全保障机制。不断完善基础设施建设。统筹城乡一体化发展，重点推进国道同哈公路友谊至集贤段改扩建工程项目、省道同汪公路集贤镇至福利镇段改扩建工程项目，两个项目均已完成省交通厅项目招投标程序，正在进行施工前期准备工作。新建、维修和改扩建城市道路15条，完成农村公路整修650公里。推动商品房去库存与棚户区改造相结合，全年消化772套存量房，解决971户棚户区居民搬迁新房问题，商品房库存量减少到2 467套。着力解决文广大厦、体育馆建设工程停滞等历史问题，加快推进消防、排水等附属设施建设。投资2 858万元的福利院养老综合护理楼项目主体结构已完工，2018年投入使用。群众翘首企盼的中心广场得到改造升级。先后投入2 000万元，新增社区公务用房3 100余平方米，进一步完善了社区便民利民服务功能。大力发展社会公益事业。开展了庆祝建党96周年"七一"文艺会演、"春暖集贤"学习雷锋等活动，丰富了群众业余文化生活。加强基层公共文化基础设施建设，新增4个村级文化广场和文化活动室。将309种疾病纳入县乡分级诊疗病种，大病保险报销起付线由原来的1.1万元降至5 500元。持续加大就业再就业工作力度，新增城镇就业3 480人，失业再就业1 941人。围绕解决群众热切关注的职工福利远低于全市平均水平的问题，将机关、事业单位职工住房公积金缴存比例由5%提高到12%，群众生活质量显著提升。持续健全社会保障体系。扩大居民养老、医疗保险覆盖面，社保、医保参保人数大幅增加。深入开展"春蕾助学·金秋圆梦"行动，资助春蕾女童、贫困大学生103名。统筹推进残疾人保障工作，发放困难生活补贴和重度护理补贴351万元。严格核实低保对象，确保符合条件的居民应保尽保，全年共发放低保资金4 659万元。

生态文明和精神文明建设连创佳绩。持续推进城市整体绿化美化，绿化总面积超过20万平方米。开展农村春秋两季环境卫生集中整治，解决了长期以来农村卫生缺乏有效治理的问题，乡容村貌初步达到"四净"标准。2017年，荣获"黑龙江省文明城市"荣誉称号。持续开展了以"德耀集贤·汇福利民"为主要内容的"十好"主题实践活动，通过通俗易懂的方式，把弘扬社会主义核心价值观落实到具体活动之中。经过考核评估，获得"全省培育和践行社会主义核心价值观示范县"荣誉称号，叫响了"集美如画·贤达天下"的集贤城市名片，增加了人民群众对城市的认同感、归属感。

扎实推进义务教育学校标准化建设，进一步缩小区域间和校际间差距，提高了教育均衡化水平和整体发展水平。投入1.3亿元，维修和改建27所薄弱学校，建设各

四中升旗仪式

类教学功能室270个，新配备教学仪器设备3.6万台，改扩建集贤中心校、联明学校2所公办幼儿园。对18所学校校长进行了交流轮岗，推动优秀校长向薄弱学校交流。再度招聘义务教育学校教师130名，进一步解决了师资紧张和结构不均衡的问题，教师队伍、办学条件和管理水平显著提高。并且，以全省第二名的考评结果，高标准通过义务教育均衡发展国家验收工作。

牡佳客运专线建设作为重点工作，是集贤融入全省"两小时"经济圈的有利契机和重要举措。经过多次召开县委常委会议、现场办公会议，全面落实林地征收、重大拆迁、工程保障等工作。完成了197.6公顷耕地、43.7公顷林地的征收及林木采伐，影响66千伏高压线路铺设的问题全部解决。完成了5处重大拆迁任务。48.9公顷大型临时性工程用地在最短时间内投入使用，为牡佳客运专线集贤段工程顺利推进，提供了强有力的保障。

扎实深入开展老区脱贫攻坚工作。集贤县虽然不是贫困县，但有省级贫困村10个，在2015年之前脱贫4个村。因病致贫、因残致贫的贫困群众占贫困人口总数的92.9%，其中：因病致贫73.1%、因残致贫19.8%。非贫

困人口中生活困难的贫困边缘群众人数较多，扶贫产业缺支柱、少项目、推广难是集贤扶贫开发工作的短板。2016年，认真落实"六个精准"和"五个一批"工作要求，认真执行"十一类人"标准，3 623名贫困人口实现脱贫。2017年，把脱贫攻坚作为头号民生工程，统筹协调扶贫办、各乡镇、驻村第一书记、扶贫驻村工作队四支扶贫一线队伍，从"老百姓缺什么少什么、想什么盼什么，扶贫重点在哪里、难点是什么，有什么优势、短板怎么补"入手，聚焦政策保障人群、"医、教、住"刚性支出较大人群、因灾因事故生活困难人群这"三类重点人群"，借鉴"一看房""二看粮""三看劳动力强不强""四看家中有没有读书郎"的"四看"识别法，按照"两评议两公示一公告"定贫流程，织密网、兜底数、清家底、算细账，重点排查有资源有劳动力但无门路的"两有户"、因残因病致贫的"两因户"、无力脱贫无业可扶的"两无户"、缺基础设施缺技术资金的"两缺户"，切实做到识别再精准。精准识别实现从粗到精的转变，通过动态调整后，确定贫困人口231户480人，贫困人口发生率为0.25%，分布在全县83个村。

坚持"输血"与"造血"有机统一。2017年底，退出贫困人口7户13人。在精准识别的基础上，扭住产业扶贫这一关键环节，靶向发力，瞄准扶贫力量、扶贫产业、扶贫模式三项工作核心，结合县域贫困人群实际，汇聚帮扶政策、帮扶单位、乡镇帮扶三方扶贫力量，通过实施易推广、好发展、见效快的扶贫产业，用活"合作社+贫困户+特色产业""众筹项目+贫困户+优势项目""致富带头人+贫困户+传统产业"三种扶贫模式，把建档立卡贫困群众固化在产业链上，构建可持续利益联结机制，擎四梁、架八柱，努力构建扶贫开发大格局。创新实施了庭院养殖、整村推进、基地带动、金融扶持、电商引领五种产业扶贫模式。

投入28.5万元，建设家庭种养殖项目95个；落实扶贫小额贷款987万元，带动190户贫困人口加入合作社；整合政策资金370万元建成51栋大棚，实现扶贫产业全覆盖。

创新实施"12345"医疗救治保障办法，"一站式"结算。为贫困人口和老区群众开通绿色诊疗通道，实行不预约、不排号、不挂号、不先付费，出院即时结算。取消"两条线"。即：起付线和封顶线。贫困人口在县级及以下医疗机构就医时，凭建档立卡证明，门诊和住院费用报销不设起付线，住院费用报销不设封顶线，报销比例放宽到95%。基金"三兜底"。针对基本医疗报销以外的费用，通过民政救助资金、社会捐助资金、县级财政资金三条途径协同发力，建立医疗保障基金，实现贫困人口报销目录以外、县外诊疗、大病诊疗报销的费用得以保障。实施"四减免"。贫困人口在县级及以下医疗机构就诊，免收挂号费、普通诊费、专家会诊费、县内大病患者救护车接送费。强化"五服务"。即：每年为贫困人口免费健康体检一次，每月向乡镇卫生院轮派1名专家医师，每户贫困户配备1名签约家庭医生，开展县、乡、村三级医联体活动，定期开展现场诊疗、送医送药等义诊活动，实现全县贫困人口就医有保障。

"四个一批"政策足额发放教育助学资金，实现教育保障全覆盖；106户贫困户C、D级危房全部改造完成，并经县住建局和各乡镇核实，已将全县36户无房贫困户情况报告省住建厅；投入资金231万元，对全县涉及饮水安全问题的31个村屯进行改造，解决了30个村的饮水安全问题；将符合条件的贫困人员纳入政策保障范围，在"医、教、住、水、保"五个角度同时发力，"两不愁三保障及饮水安全"问题得到有效解决。

细化帮扶制度，统筹各帮扶单位、帮扶干部力量，形成合力再聚焦，从生产生活实际出发，及时解决贫困群众遇到的实际困难，为贫困群众救急解渴。强化责任，日常帮扶不落一人。压实乡镇帮扶工作主体责任，整合乡镇帮扶干部、村屯干部、第一书记等"不走帮扶队伍"力量，加强对老区贫困户的日常扶持，全力打造横到边、纵到底的帮扶保障网络，切实解决贫困户难题。全县帮扶单位、各乡镇为贫困和老区群众送钱送物累计金额近百万元，为231户贫困户解决各类生活难题1 000多件。

第五节　创新社会治理

深入开展安全生产"大检查、大整顿"活动，各类生产安全事故死亡人数和直接经济损失分别下降90%和87.16%。深入开展了涉稳问题排查化解等专项行动，排查各类矛盾纠纷953件；全年共立各类刑事案件1 002起，发案率较去年下降20.7%，破案率达42.8%，同比提高了10%，"八类案件"破案率达47.8%。农村技防"天眼工程"建设实现全覆盖，全市技防现场会成功在集贤召开。严厉打击刑事犯罪案件，现行命案破案率100%。反邪教工作扎实有效。严格落实信访责任制，在全县开展了信访问题大调处、"三百活动"以及进京到省重复上访和非正常上访专项治理等一系列行动，采取有效措施妥善处理重要敏感时期的信访问题，信访办结率达97%，为老区人民创造良好的生活环境。

全面开展"七打七治"专项行动，安全生产事故起数和死亡人数分别下降35.1%和100%。深入开展排查化解社会矛盾纠纷和严打整治行动，共排查化解涉农、山林纠纷、拆迁改造等各类矛盾纠纷1 500余件；严厉打击违法犯罪活动，破获各类刑事案件479起，实现了命案必破的目标，有力维护了广大人民群众的生命财产安全。严格落实信访责任制，全面开展党员领导干部带案下访活动，圆满完成了全国"两会""两节"等重大政治敏感时期的信访稳定任务，全年信访结案率达到97%。

坚持依法治县，不断创新社会治理，切实保障群众安居乐业、社会和谐稳定。按照"多取消、审一次、真备案"原则，清理精简行政许可17项，取消行政权力1 250项，完成了权力清单制定并向社会公布；建设了县行政便民服务中心，共入驻行政部门和单位25家，落实便民项目125项；合并组建了县卫生和计划生育局、市场监督管理局，县政府原有的24个工作部门已减少为22个。新组建的市场监督管理局，在公共卫生、安全生产、资源环境等领域推行综合执法，切实解决了权责交叉、多头执法和不执法、乱执法等问题。全面推进了依法治访工作，积极畅通信访渠道，开展"百日攻坚"专项行动和打击非访"轻刑快办"专项整治活动，依法积极稳妥化解各类矛盾纠纷，全年共受理信访案件281件，办结率96%，保证了各个重要敏感时期的信访稳定。全面加强了公共安全管理，按照"安全第一、预防为主、综合治理"的工作方针，突出煤矿、非煤矿山、道路交通、危险化学品、食品药品和烟花爆竹、人员密集场所等重点行业、重点部位、重点领域，集中开展了安全生产大检查大整治行动，保持"打非治违"高压态势，有效解决了一批安全生产隐患和突出问题。全面加强了社会治安综合治理，坚持"打防结合，预防为主"的方针，不断完善治安防控网络，加强了人流密集场所和重点企事业单位人防、物防、技防措施落实。严厉打击违法犯罪活动，刑事案件同比下降4.7%，现行命案破案率100%。防控非法邪教组织工作实现"四个零"目标。

深入开展"四个一批"举措，加大依法治访力度，取得了信访总量明显下降、省市越级访明显下降、到县上访明显上升的"四降一升"工作成效。上访总人数同比下降19%，进京、到省上访人数同比分别下降60.7%和52.5%，来县上访人数同比上升79.3%，全国"两会"期间进京访更是实现"零登记"目标；积极调处化解信访积案，118件积案全部解决结案，突出解决了1,700余万元的拖欠农民工工资问题，信访形势实现根本好转。同时，严格落实安全生产责任制，加强食品药品安全监管，全年无重大安全事故发生。社会治安防控体系不断完善，各类违法犯罪活动明显减少。

在县财力十分有限的情况下，又投入资金2.3亿元，着力解决基础设施项目建设资金陈欠、农民工工资拖欠等历史遗留问题。有效解决信访案件2 247件、积案117件，处理省委巡视组下交案件126件，省委、省政府领导批示案件6件。加大依法治访力度，严厉打击缠访、闹访、无理访等行为，行政拘留违法信访人员45人，刑事处罚8人，司法判决5人，有效扭转了信访维稳工作的被动局面。保持了进京、去省、到市上访量明显下降态势，实现了重大节日期间"零上访""零登记""零非访"的历史性突破。同时，加强民主政治建设。支持县人大充分履行监督职责，落实议案或意见46件。支持县政协履行政治协商、民主监督、参政议政职能，51件提案或建议办理完成。爱国统一战线巩固发展，工商联、民族宗教工作取得新成效。工会、共青团、妇联及其他社会组织桥梁纽带作用得到充分发挥。深化和谐平安建设。有效打击各类犯罪，刑事发案量同比下降15.2%，案件破获量同比增长30%，人民群众安全感不断增强。深入实施综治网络化管理，社会治安防控体系不断完善。食品药品安全工作得到加强，安全生产四项指标"三降一持平"，全年无重特大事故发生，被授予省级"平安县"称号。深化改革理顺机制。主动承接上级96项改革任务，立足集贤实际，谋划推进了强乡扩权改革、行政机构体制改革、医疗卫生体制改革、城市综合执法管理体制改革等15项改革"自选动作"。一些重要领域和关键环节改革取得了重大进展，部分改革走在了全市前列。通过改革完善了体制机制，优化了服务职能，提高了行政效率，激发了经济社会发展活力。全力优化发展环境。举办由142名科所队长参加的"全县科所队长集训班"，增强了基层干部维护发展环境、遵守规章制度的意识。因破坏发展环境问题，2名干部被诫勉谈话，2人被调整岗位，2人被移交司法机关，"勒拿卡要"和"不作为、乱作为、慢作为"的行为被有效遏制，老区经济发展环境得到进一步优化。

第六节　全面从严治党

围绕党的十八大、全国两会和改进工作作风等文件精神，狠抓理论学习和培训，切实提高了干部思想政治素质。精神文明建设不断加强，面对几十年不遇的特大暴雪，全县各单位、各部门以雪为令、日夜奋战，保障了城市环境和居民出行，受到了省委书记的高度评价，特别是袁敏同志，更是做出了突出贡献，被授予了全市"十佳公仆"称号；同时，还涌现出了太平镇太利村姜金福在辽宁勇救五人的英雄事迹。这些干事创业的代表和品德高尚的模范，进一步弘扬了正能量，成为集贤精神文明建设的闪光点。坚持正确用人导向，通过公开竞聘形式招录第三产业督导中心和公安局车管所事业单位工作人员25人，为干部队伍注入了新的生机和活力。制定并下发了《集贤县县管科级领导干部选拔任用"三分三推三问责"推荐提名办法（试行）》和《集贤县县管科级领导干部交流工作实施办法（试行）》，有效规范了干部选拔任用、推荐提名和交流工作。圆满完成了第四届社区换届选举工作。扎实开展"七星先锋""双百工程""党员素质提升工程"等载体活动，评选七星先锋党组织54个、党员83名；全年共发展新党员167名，培训入党积极分子1 000余人（次）。全面落实党风廉政责任制，构建了"360"廉政教育体系，全年查办违纪违法案件29起，处分49人。

扎实开展党的群众路线教育实践活动，集中开展"四风"专项整治，对涉及"慵懒散漫"和"吃拿卡要"等问题的35个部门下发了《立行立改通知单》，公安局110出警速度慢，医保报销时间过长等31个突出问题得到有效解决。围绕贯彻学习党的十八届三中、四中全会精神，积极开展理论中心组学习活动，全年集体学习15次。突出民生主题，加大对外宣传力度，县域知名度得到有效提升。全面开展精神文明建设，城乡环境综合整治、未成年人思想道德建设等工作取得了显著成效。顺利完成了村级"两委"班子换届工作。以开展"第一书记""能人书记""拓源壮骨"工程为载体，建立服务型党组织140个，全县41个软弱涣散基层党组织全部实现转化升级。全面落实党风廉政建设责任制，全年共立案32起，结案32起，其中查办科级干部违纪违法案件7起；给予党纪、政纪处分32人，开除党籍、公职2人。

认真履行全面从严治党主体责任，以严的要求、实的作风狠抓党的建设，以良好政治生态保障经济社会发展。着力加强思想政治建设，深入学习贯彻十八届三中、四中、五中全会精神和习近平总书记系列讲话精神，保证全县党员干部在思想上、政治上、行动上与党中央、省委、市委保持高度一致。着力加强领导班子和干部队伍建设，切实树立正确用人导向，围绕发展选优配强班子，强化后备干部培养，稳妥消化超职数配备干部。着力加强基层党组织建设，明确每名常委包保2个软弱涣散村，推进了软弱涣散基层组织整顿转化；选派112名机关优秀干部到村任第一书记，增强了基层党组织战斗力；实施"十百千万"工程，为农村提供发展项目12个，解决难题89个。着力加强党风廉政建设，深入开展"正风肃纪"专项治理活动，组织定期、不定期明察暗访30余次，给予行政警告4人；加大腐败问题查处力度，全年共处置信访和问题线索125件，立案72件，给予党纪政纪处分72人；着力加强民主政治建设，始终坚持县委总揽全局、协调各方，积极支持人大及其常委会依法履行职权，支持政协广泛开展政治协商、民主监督和参政议政，进一步加强和改进统战工作、群团工作，切实形成了全县各界凝心聚力、干事创业的良好局面。

同时，认真开展"三严三实"专题教育，作风建设持续深入。按照中央、省委、市委的统一安排部署，突出问题导向，层层传导压力，严把质量标准，严格落实责任，确保"三严三实"专题教育取得实效。以县委书记带头讲党课为开局，班子成员先行示范，完成了五次专题研讨，主动亮出问题，主动接受监督，促进整改落实。领导干部围绕"严"的要求、"实"的作风，主动走进农村、社区、企业了解情况，解决难题，并将"三严三实"专题教育与经济建设、深化改革、民生改善相结合，推动全县重点工作高质高效完成。开展了"远学于海河、近学身边人"

活动，形成以身边事教育身边人的良好氛围。突出反面典型的警示作用，以违纪违法案件为现实教材，认真剖析根源，深刻汲取教训，增强领导干部遵规守纪的自律意识，教育领导干部严守政治纪律和政治规矩，自觉做政治上的明白人。对照"三严三实"要求，聚焦突出问题，建立了领导班子和领导干部个人"不严不实"问题清单，制定具体整改措施、明确整改标准时限。针对查摆出来的"不严不实"问题，挂号跟踪督办，把整改工作与优化经济发展环境、信访"百日攻坚"等重点工作相结合，加大整改力度，确保立行立改。通过抓好"三严三实"专题教育，一些"不严不实"问题得到解决，全县党风政风和干部精神状态进一步好转，谋事创业劲头明显增强。

突出抓好精神文明创建。坚持以学习践行社会主义核心价值观为牵引，创新开展了以"德耀集贤，汇福利民"为主题的"十好"实践活动，建立志愿服务队112支，专项服务组织11个，开展志愿服务1.5万人次。扎实开展县乡换届工作，全年累计调整干部261人次，提拔68名，调整不适宜担任现职干部36名；同时积极开展超职数干部配备的消化工作，全年消化超配干部45名，纠正违规调任干部7名。扎实推进"第一书记"进农村、进社区，累计选派"第一书记"129名，为想干事、能干事、干成事的干部搭建干事创业平台。重点抓好基层党组织建设。在农村、社区、机关、"两新"等四个领域，创新开展"五强五规范""五事争先""四带头""红色引领"活动。重建、维修村党建活动室31

个，扩建室外广场15个。坚持抓好党风廉政建设。突出抓好"两个责任"落实。指导39个重点部门建立了两个责任清单。组织召开全县领导干部廉政警示教育专题会，对8个乡镇和77个单位党风廉政建设责任制落实情况实施检查考核，对落实两个责任不力的9个单位领导班子严肃查处问责。共立案82件，处分82人，党员干部队伍的廉洁从政意识进一步提高。

全面深入推进党的建设，为经济社会振兴发展提供了坚强政治保证和组织保障。思想政治建设进一步加强。县级领导带头讲党课33节次，主要围绕"准确认知'七种关系'，正确对待组织选择"，引导广大党员干部树立正确的人生观、价值观、政绩观。扎实推进"两学一做"学习教育常态化制度化，细化17项具体任务，各级党组织书记主讲专题党课540余节，党内教育得到深化。持续以"5+1"模式推进理论武装工作，开展各级理论中心组学习461次，党员干部理论水平和政治素养全面提升。基层组织基础进一步夯实。深入实施农村"五强五规范"、社区"五事争先"、县直机关"四带头"、"两新"组织"红色引领"等党建工作模式，基层党建活力不断释放。25个软弱涣散基层党组织已全部整顿转化，基层党组织建设更加规范化、长效化。干部队伍整体结构进一步优化。严格执行《党政领导干部选拔任用工作条例》，加大消化超职数配备干部工作力度，累计消化超配干部198人。全县干部队伍整体结构、能力、素质不断优化。人才队伍建设水平进一步提升。加大优秀人才引进力度，引进17名硕士和9名重点本科毕业生。作为市委建立的上海复旦大学研究生挂职基地之一，为上海复旦大学4名研究生提供副科级领导岗位。高素质人才的引进、培养、使用，有力推动了经济社会持续科学发展。县直机关作风进一步转变。深入开展"三亮两评三监督"和"百家企业评管理、千名群众评服务—最佳最差单位评比"等活动，集中整治"庸、惰、散、畏、浮、奢"等六种不良风气，机关工作作风明显好转。从严管党治党力度进一步加大。深入开展干部作风、"四风"反弹、破坏发展环境、扶贫领域侵害群众利益等四个方面问题的专项整治。查处"四风"问题16起、群众身边的腐败问题18起。深入践行监督执纪"第一种形态"，全年共约谈、函询539人次，占"四种形态"总量的84%。组织开展两轮4个单位的巡察，发现问题138个，移交问题线索31个。加大违纪违法案件查处力度，受理案件线索699件，立案109件，查处108人，其中开除党籍31人，开除公职5人，促进老区政治环境和政治风气进一步好转。

第九章 远景展望

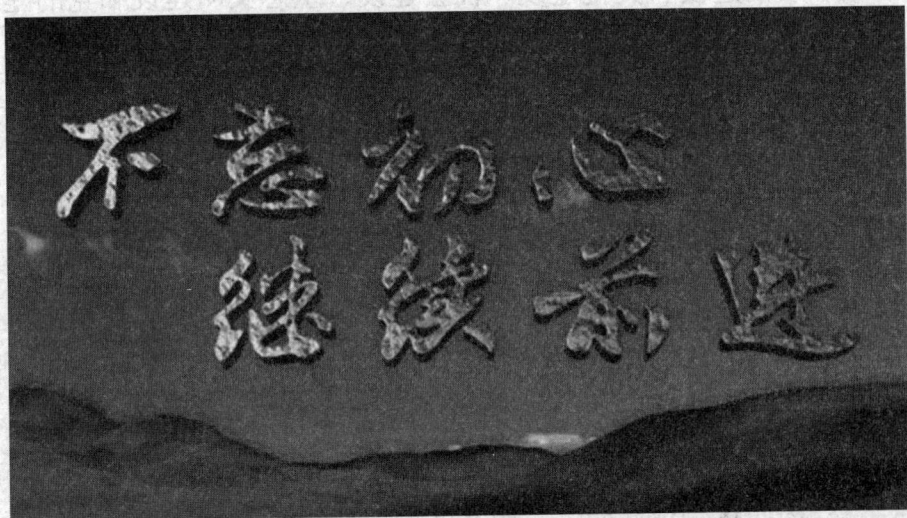

第一节 指导思想和奋斗目标

指导思想

"十三五"时期，全县经济社会总的指导思想是：高举新时代中国特色社会主义伟大旗帜，以邓小平理论和"三个代表"重要思想为指导，全面贯彻落实科学发展观，以党的十九大和新时代中国特色社会主义思想为指引，贯彻"创新、协调、绿色、开放、共享"发展理念，以求实创新、跨越争先为主题，以加快产业及经济发展为主线，以改革开放为动力，以创新驱动为支撑，以保障和改善民生作为根本出发点和落脚点，全力维护社会和谐稳定，加速构建和完善现代产业体系，加快经济结构战略性调整。确立在全省县域经济中全面跨越赶超的进位意识、区域发展一盘棋的大局意识，突出发展第一要务，加快转变发展方式，主动适应经济发展新常态，加强区域资源整合和体制机制创新，深化改革开放，推进结构调整，大力改善民生，统筹推进经济建设、政治建设、文化建设、社会建设、生态文明建设和党的建设，加快建设富饶秀美、和谐宜居的新集贤，努力跻身龙江东部经济强县，确保到2020年老区人民与全省、全国同步建成全面小康社会。

实现目标

综合实力跃上新台阶。在优化结构、提高效益、降低消耗、保护环境的基础上，实现老区经济持续快速健康发展。到2020年地区生产总值达到100亿元以上，年均增长6%以上；全社会固定资产投资年均增长8%以上；社会消费品零售总额年均增长8%以上；全口径财政收入和公共财政预算收入年均分别增长5%以上。

结构调整实现新突破。服务业增加值比重和就业比重均达到全省平均水平。到2020年，一产调精调特，二产调强调高，三产调新调大，三次产业结构调整到30∶40∶40，新型城市化建设稳步推进，人口城市化率达到50%以上。非公有制经济快速发展，占全县GDP比重达到90%以上。

现代产业形成新体系。围绕资源发展精深加工，围绕区位发展承接转移配套产业，围绕基础实现产业升级，围绕消费发展大健康产业，围绕废弃物和可再生资源发展循环经济，走创新驱动、提质增效、绿色发展的路子，加快推进新型工业化。"十三五"期间，规模以上工业增加值年均增长9%以上，基本形成结构均衡、组织合理、布局优化、技术先进的现代产业体系。

改革开放迈出新步伐。经济体制改革、现代农业综合配套改革、生态文明体制改革等八个重点领域和关键环节改革不断深化，推进老区市场化进程。实际利用外资大幅提高，国际交流合作不断深化。全面融入"龙江陆海丝绸之路经济带"，外贸进出口总额年均增长10%以上。

生态建设达到新水平。资源消耗得到有效降低，环境污染得到有效治理，耕地农田得到有效保护，矿产资源得到有效利用、废物排放得到有效控制，单位生产总值能源消耗年均降低3.5%。可持续发展能力增强，耕地保有量保持172万亩，森林覆盖率达到25%。

城乡统筹取得新成效。覆盖城乡和老区的公共服务体制框架基本形成，基础设施、人居环境进一步改善，社会主义民主法制更加健全，人民权益得到切实保障，基本公共服务均等化进入更高层次。

生活水平达到新高度。城镇居民人均可支配收入和老区农民人均纯收入年均分别增长8%和5%以上。开展"富集体、富群众"的老区党建"双富"工程，创新壮大村级集体经济和扶贫开发新办法新路径。城乡居民生活质量普遍提高，居住、交通、教育、文化、卫生和环境等方面条件较大改善。高中阶段毛入学率达到95%以上。

法治建设进入新境界。老区人民知情权、参与权、表达权、监督权得到充分保障。人大、政协依法履行职能，监督和参政议政作用更加突出。民主党派联系各方、汇聚力量，协商民主进程不断加快。法治政府建设水平全面提高，形成人人学法懂法守法的良好社会氛围和法治环境。

精神文明得到新加强。社会主义核心价值观深入人心，公共文化供给能力明显提高，人民文化生活更加丰富多彩，文化软实力显著加强。老区群众文明程度大幅提升，精神风貌更加昂扬向上，思想道德水平进一步提高。

发展方略

围绕承接市委"四大产业区"发展战略，实施"五大功能区"建设，以产业链延长、产业集聚、开放融合等方式，持续优化产业结构，促进传统产业优化升级，推动新兴产业发展壮大，实现产业多元发展，经济多轮驱动，老区经济社会协同发展。

打造服务贸易集聚区。抢抓"一带一路""龙江丝路带"及全方位开放的战略机遇，充分发挥我县地缘优势，积极融入"龙江丝路带"建设。大力发展以对俄贸易为主的外向型产业，以四达中俄国际贸易中心为依托，积极拓展与周边国家的经贸合作，为老区发展构建全方位、多层次对外开放格局。

打造绿色食品加工区。坚持生产"生态、绿色、安全、美味"产品的经营理念，做大做精农产品精深加工、绿色食品加工等产业。实施品牌战略，以创建名、精、优、新品牌为战略方向，结合老区特色着力打造一批代表地域特色的知名品牌。

打造文化旅游发展区。充分利用我县旅游自然资源、生态资源、文化资源，大力发展北大荒生态旅游业。加快旅游交通网络建设，建设涵盖湿地、山水、生态、红色、人文等文化元素为特色的精品文化旅游线路。做好"三江连通"在我县境内52公里主河道沿岸两侧的旅游产品规划，打造百里滨河风景线。积极开发特色旅游产品，整合旅游资源，改善旅游产业发展环境。

打造煤化产业延伸区。依托丰富的煤炭资源优势，在提升

煤矿生产能力的基础上，延伸产业链条，加快煤炭加工和综合利用，实现煤炭洁净化、煤电一体化、煤化工产业精深化，打造省东部地区煤化工产业延伸区。积极推进技术创新，延伸产业链，提高煤炭资源综合利用程度，切实增加煤炭产品的附加值。

打造生态宜居精品区。以建设文明有序、宜居宜业的生活环境为目标，加快老区基础设施建设，提升老区居民的文明程度，着力打造设施齐全、功能完善、环境优美的人居环境。大力开展社会主义精神文明建设，不断提升老区人民的思想素质和道德水平。加快推进美丽乡村建设步伐，全面抓好社区建设，完善社会保障体系，加快社会事业全面发展，推动民主法治、公平正义、诚信友爱、充满活力、安定有序、人与自然和谐相处的老区社会建设。

第二节 加快构建现代农业产业体系

"十三五"时期，更加突出老区国家级现代农业示范区建设，着力发展现代化大农业，全力实施现代农业综合开发试验区发展战略，强化粮食生产优势，提高种植业效益，按照区域化、专业化、规模化的要求建设。

（一）提高粮食综合生产能力

实施规模化生产，产业化经营。培育龙头企业，发展老区专业合作经济组织，支持建设现代农业标准化示范园区。调优农业种植结构，加强优质良种基地建设，扩大水稻、大豆种植，继续鼓励发展高效的经济作物，重点发展绿色蔬菜、烟草等特色经济作物，建设老区农业标准化示范区和农产品标准化示范基地。大力推进"千亿斤粮食产能工程"、"亿亩生态高标准农田建设工程"，加强基础设施建设，提高农业水利化、机械化、信息化水平，创新经营机制，努力提高综合生产能力。到2020年粮食产量达到25亿斤以上，比2015年增长5亿斤，农业标准化到位率达到95%以上。

（二）推进美丽乡村建设

加快推进"美丽乡村"建设，力争把全县8个乡镇，159个行政村、18个老区村都建设成为"村村优美、家家创业、处处和谐、人人幸福"的现代化新农村，打造成生态环境优美、村容村貌整洁、产业特色鲜明、公共服务健全、乡土文化繁荣、农民生活幸福的新农村。把发展农村经济作为老区新农村建设的首要任务，发挥比较优势，打绿色牌，走特色路，发展绿色农业、特色养殖、农副产品深加工等特色产业。

农村生态经济加快发展。发展绿色蔬菜生态种植园、葡萄、果树生态采摘园、西瓜标准化基地、烤烟标准化基地等，全力打造乡村休闲旅游业发展格局，切实增加老区农民收入，不断推进生态经济建设,大力发展风能、太阳能等可再生能源，生态农业、生态旅游业快速发展，精致高效农业更加突出。

农村生态环境不断优化。交通、电力、通讯等基础条件明显改善，建立社会保障体系、医疗卫生体系、弱势群体救助体系和教育发展体系，增强群众的环保意识，倡导低碳、节俭的生活方式，全面实现改水改厕，保持环境卫生，营造"优美、洁净、舒适"的人居环境。老区村垃圾、污水得到有效治理，村容村貌、绿化美化水平不断提高，居住环境明显优化。

（三）加快推进农业产业化

农业产业化是解决"三农"问题、加快发展现代农业的必然选择，也是增加老区收入、全面建设小康社会的有效途径。农业产业化经营在促进农村产业结构调整，提高农业竞争力、增加农民收入、发展县域经济、加快小城市建设、加强农户与市场联结等方面，发挥了举足轻重的积极作用，成为解决"三农"问题的重要战略举措。以国家级农业产业化龙头企业为带动，加快推动龙头企业集群发展，做大做强优势主导产业，带动老区增收致富，推进现代农业建设。

大力调整优化农业结构，提高综合生产效益。优化种植业结构，实现由粮食生产的一元结构向粮食作物、经济作物、饲料作物的三元结构转变。优化农业内部结构，推进农牧结合。优化生产组织结构，推进老区生产要素向新型农业经营主体流转。优化要素配置结构，开展良种推广、机耕机播、统防统治等社会化服务，不断提高老区综合产出效益。

充分挖掘发展潜力，加快发展现代农业。全力打好扶贫开发攻坚战，积极开展个性扶贫，实现扶贫开发精准化。大力发展"一乡一业、一村一品"，闯出一条老区增收致富的特色路子。加快推动全民创业，带动更多的老区农民就地创业就业、脱贫致富。推进三次产业融合发展，使农业向工业、服务业延展产业链，促进老区获得更多后续效益。

提高农业农村社会化服务水平，提高农业集约化水平。加强农业公共服务能力，以扶持老区农民专业合作社为重点，构建生产销售、农机服务、科技服务、信息服务体系，加快构建新型农业社会化服务体系，提高对老区种养、经营大户的专业化、社会化服务。

第三节　优化工业结构和产业转型升级

（一）做强绿色食品产业

加强绿色农产品示范园区建设，扩大有机、无公害农产品的种植面积，大力推广无污染的"自然食物"，按照绿色规程生产大豆、稻米、蔬菜、蜂蜜等，为县域农产品精深加工企业注入新鲜血液和持续发展动力。

打好"绿色生态牌"，提升食品加工产业。抢抓全国新一轮工业基地调整改造的机遇，坚持生产"真绿、安全、美享、时尚"产品的经营理念，做大做精粮食精深加工、绿色食品加工等产业。实施品牌战略，以创建名、精、优、新品牌为战略方向，在粮油加工、杂粮、有机蔬菜等方面为老区打造一批代表地域特色的知名品牌。

推行"循环经济"，扩大大豆加工产业。发展大豆蛋白、大豆卵磷脂、大豆异黄酮、大豆纤维、大豆多糖等精深产品；水稻加工产业——发展米糠蛋白、米糠油、米糠纤维、功能因子、多孔淀粉等精深产品；玉米加工产业——发展玉米淀粉、玉米胚芽、玉米蛋白、玉米黄素、玉米纤维油等精深产品，把先进技术与先进理念融入产品的种植、加工和销售等每一个环节。

推进企业裂变升级，发挥龙头企业作用。引导和扶持现有企业改造升级，通过引进高新技术、优化产业和产品结构、延长项目产业链条，调动中、小、微企业的集聚效应。推进阳霖、同泰、天兴、金谷等粮食加工企业转型转产，推动传统绿色有机大豆食品等食品加工企业发展壮大。

（二）发展煤化工产业

集贤县行政区域内有11处煤田，探明资源储量16.87亿吨，其中：东辉煤田储量2.8亿吨，顺发煤田储量1.05亿吨，全县目前生产的煤炭以烟煤为主，主要品种有气煤、肥气煤、1/3焦煤，硫含量在0.1%~0.42%之间，磷含量在0.012%左右，灰熔点在1 340℃左右，发热量在5 000~7 000千卡/千克。品质优良，是炼焦配煤，气化用煤、液化用煤、动力用煤、取暖用煤等工农业生产首选产品。

坚持"高科技引领，清洁、高效、充分利用"的发展方略。积极推进技术创新，不断提高煤炭产品的附加值，通过延伸产业链、延长产品链来提高煤炭资源综合利用程度，做强做优煤炭开采及煤化工产业。

延续提升产能，合理梯次开发、有效保护煤炭资源。着力增加接续产能和煤炭生产规模，倡导集约化开发经营，做好长发、兴旺等新建煤矿的开发和建设，并科学开展洗选、煤矸石、煤泥以及与煤共伴生资源的综合开发与利用。重点新建年产30万吨长发煤矿，改扩建永兴煤矿年产达15万吨，整合亿顺煤矿年产达30万吨。

（三）积极培育新能源产业

坚持"强化环保、节能减排"的原则，牢牢把握国家能源战略布局导向，抢抓新能源产业发展的政策机遇和市场机遇，推广节能、环保、清洁的生产工艺和技术，做优做实高质量、高效益、低消耗、低污染的新型能源产业。

发展风电，在龙源太阳山、大唐太平等已有风电项目的基础上，充分利用风能优势，加快推进黎明和峻山两个风场建设，继续扩容和扩大风力发电产业集群。

发展生物质能源，以三聚华本生物质资源化项目为重点，逐步实现县域生活垃圾全部无害化转化处理，发展甲醇产业。以生物柴油项目为重点，利用米糠、废弃食用油为原料生产生物柴油。利用我县丰富的秸秆发展秸秆发电项目。

发展新型建材，重点围绕新能源、新材料、节能环保等战略性新兴产业，大力开发和推广应用新技术、新品种，发展新型建材产业。

第四节　大力发展现代服务业

充分发挥现代服务业在产业优化升级中的支撑作用，优先发展生产性服务业，积极发展生活性服务业。实施贸易旅游综合开发工程，坚持市场化、产业化、社会化方向，拓宽领域、扩大规模、优化结构、增强功能、规范市场，显著提高服务业增加值比重和就业比重，促进服务业全面加快发展。

（一）突出发展现代物流业

以现代物流和供应链管理为导向，培育发展技术装备和管理水平较高、市场竞争力较强的物流企业和企业集团。形成布局合理、技术先进、节能环保、便捷高效、安全有序并具有国际竞争力的现代物流服务体系。依托优势特色产业和产品以及开发区和交通枢纽，建立以三江农机市场为核心的农资、农机涉农物流体系。以天兴粮食现代物流为基础建立粮食商贸物流体系。以四达中俄国际贸易中心建立边境口岸物流、对外加工、出口贸易国际物流体系。整合现有交通运输、仓储等物流基础设施，重点建设物流基地。推进物流信息化、标准化进程，培育和壮大专业化第三方物流企业，促进制造业、商贸业与物流业联动发展，积极引进国内外知名物流企业和物流人才，建立科学有效的物流业协调管理机制，提升物流业运营效率和管理水平。

（二）积极发展旅游业

充分发挥北国风光旅游资源丰富的优势，做大做强旅游业和国内外贸易业，坚持以游兴贸、以贸促游，推动旅游与贸易的良性互动，融合发展。坚持走旅游与文化、历史、生态结合之路，加快旅游交通网络建设，完善旅游精品线路。做好"三江联通"在全县境内52公里主河道沿岸两侧的旅游产品规划，打造百里滨河风景线。积极开发老区旅游产品。整合旅游资源，挖掘红色资源、完善配套服务，提高服务质量，改善旅游产业发展环境。

（三）优化提升商贸流通

统筹发展商贸物流业。重点优化城市物流配送网络，运用现代经营方式和信息技术，改造提升传统服务业。大力发展产业物流，加快村镇物流业发展，积极推进国际贸易物流和航空物流，加快培育一批重点商贸物流企业。建设区域批发配送中心、大型综合商场，农资连锁经营网络覆盖全县。全面推进电信网、广电网、互联网"三网融合"互联互通、资源共享和业务融合。鼓励广电、电信业务双向进入，支持数字电视、手机电视、网络电视、网络电话等融合型业务发展。将移动终端应用与本地优势产业领域紧密结合，拓展基于"互联网+"的新商业模式应用领域。充分发挥互联网在社会资源配置中的优化和集成作用，将互联网的创新成果深度融合于经济、社会各领域之中，提升全社会的创新力和生产力，形成更广泛的以互联网为基础设施和实现工具的经济发展新形态。

第五节　建设生态绿色家园

推进生态文明建设，树立尊重自然、顺应自然、保护自然的生态文明理念，坚持节约资源和保护环境的基本国策，坚持节约优先、保护优先、自然修复为主的方针，着力树立生态观念、完善生态制度、推动生态安全、优化生态环境，形成节约资源和保护环境的空间格局。

（一）保护生态文明建设载体

保护土地资源。实施土地整治，加强老区农田基本建设，改善农业生产条件，提高耕地质量。改良耕作方式，推广秸秆还田，通过深松、少耕、轮作等方式，改善土壤理化性状，增加粮食产能。

保护水资源。发展节水农业，在老区积极推广节水品种和水肥一体化、循环水养殖等技术，全面提高水资源利用率。加强水土保持，防止水土流失。积极推广和使用节水净水技术，加大对企业污水排放的监督管理。

保护湿地资源。坚持预防为主、防治结合、综合治理，依法加强湿地管理，建立科学的湿地监控和功能评价体系，健全完善湿地保护机制。

（二）推进绿色低碳节能发展

坚持以低碳能源系统、低碳技术体系和低碳产业结构为基础，不断提高碳利用率和可再生能源比重，全力推动老区绿色低碳发展，控制温室气体排放。

实施重点节能工程。在老区组织实施低能耗、绿色建筑示范项目，推动既有居住建筑供热计量及节能改造。深入推进工业节能，完善重点用能单位能效管理，实施工业用电设备节电、工业锅炉节能等技改专项工程。加强交通节能，鼓励和引导市民绿色出行，适时发展公共租赁自行车，积极推广节能环保型交通运输工具和运输方式。实施节能环保产品惠民工程，推广节能汽车、节能空调、高效照明、节能燃气灶等节能环保器具。

开展低碳相关试点建设。在老区建设低碳园区试点，以低碳能源、物流、建筑为支撑，培育低碳产业集群。开展低碳社区试点，推广绿色低碳建筑，积极利用地热地温、工业余热，推进雨水收集和综合利用。开展低碳家庭创建活动，鼓励减少使用一次性用品，抵制过度包装，倡导绿色低碳生活方式和消费模式。开展低碳商业试点，加强节能、可再生能源等新技术和产品应用，减少排放。

控制温室气体排放。加强对重点用能单位节能管理，分步骤建设全市重点用能单位节能在线监控平台。加快节能技术开发和推广应用，控制工业生产过程温室气体排放，鼓励使用散装水泥、预拌混凝土和预拌砂浆。加强畜牧业和城市废弃物处理和综合利用。在老区建立探索涵盖能源活动、工业生产过程、农业、土地利用变化与林业、废弃物处理领域的温室气体排放核算统计体系，编制温室气体排放清单，鼓励引导碳排放交易。

（三）加强环境污染治理

综合治理水环境。科学规划，合理开发利用水资源。加强重点流域和重点支流环境综合整治，加大饮用水源地污染综合整治和保护力度，划分饮用水源保护区，确保饮水安全。落实水环境综合治理责任，建立健全目标责任制、评估考核制和责任追究制。加强监测体系建设，建立定期公告制度，接受社会舆论和公众监督。加大宣传教育力度，营造老区水环境保护和治理良好氛围。

加强雾霾防控。积极组织开展区域大气污染联防联控工作，严格控制大气污染物总量。加强对洗浴等小锅炉的取缔和改造，严禁大排档烧烤等燃煤排放污染。协同控制二氧化硫、氮氧化物、颗粒物、挥发性有机物等多种大气污染，推进燃煤锅炉脱硝和高效除尘改造，推进工业锅炉及炉窑的烟气脱硫、低氮燃烧和高效除尘改造。严格控制扬尘污染，加强建筑施工、道路扬尘的管控。坚持资源化利用，全面禁止农作物秸秆露天焚烧。建立完善重污染天气应急预案。

加强农村环境整治。突出老区公路沿线和重要交通节点、城镇出入口、城郊结合部等重点部位，解决好垃圾乱倒、柴草乱垛、粪土乱堆、畜禽乱跑、污水乱泼等"五乱"问题。加快推进改路、改墙、改水、改厕、改灶、改圈"六改"工程，集中治理垃圾、污水、粪便等污染物。依法拆除违章建筑和设施，加强文明健康科学生活方式教育引导。高度重视村屯绿化美化，落实好管护措施，提高绿化覆盖率。建设更加干净整洁、宜居宜业的美丽老区村。

第六节 保障和改善民生

进一步完善老区基础设施建设，建立快捷畅通的现代化立体交通体系，构筑高起点的供水、排水、供气、供热、垃圾处理和排污处理等保障体系。完善社会保障体系，从解决人民群众最关心、最直接、最现实的切身利益问题入手，加快老区社会事业全面发展，推动民主法治、公平正义、诚信友爱、充满活力、安定有序、人与自然和谐相处的社会建设。

（一）加强城市基础设施

完善交通路网。大力实施交通发展战略，加快构建布局合理、功能完善、便捷高效的综合运输服务体系。不断完善综合交通网络，强化我县对外交通能力，改善老区交通环境。完成佳木斯经双鸭山至同江铁路扩能改造和沈佳客专集贤段建设，完成国道同江至哈尔滨公路友谊至集贤段、省道同江至宝清公路集贤镇至福利镇段升级改造、省道依饶公路集贤至太保段（集贤段）即七星街东沿线、七星峰旅游公路建设。以城区为核心，打通阻碍城市交通的"断头路"和影响城市发展的主次干道及必要桥梁，实施安邦河大桥拓宽、友谊街西延线贯通工程，新建繁荣街东段、体育街东段、卫生街东段、福东路、振兴路、向阳路南段、建工路南段、机械街、工人街东段、滨河路南段等街路，提高城市道路网络联通性和可达性。

提高城市供排水能力。以优化水资源配置、提高饮用水质为目标，合理利用水资源。全面推进老区供水管网改造，净水厂改造工程，加快配水管网建设，提高供水能力。启动福利镇三水源及输配水工程，新打供水深井6眼，敷设输水管道总长度19.6公里，新建和改造配水管道共54.37公里。延伸机械街、福东路、振兴路等道路排水管道5公里。到2020年达到人均日生活用水量达150升，日供水能力达到2.2万吨，自来水普及率达100%。加强排水设施的建设和管理，完善排水系统建设，实现雨、污分流排水体制。

提高集中供热能力。完善供热网络系统，强化供热基础设施建设，提高供热能力，优化龙唐供热系统。启动龙杰供热公司福利镇中心城区集中供热新建热源工程，建设2台B25MW背压式汽轮发电机组、2台每时150吨次高温次高压循环流化床锅炉，实现热电联产。进一步加快推进老旧小区供热分户改造，确保新老城区内的用热要求，达到保护环境，节约能源目标。到2020年，达到城市集中供热面积600万平方米，普及率达95%，建立小区供热监测网点，保证居民室内温度达标。

提高垃圾、污水处理能力。垃圾实现清扫、清运向机械化发展，加强垃圾分类处理，向资源化、无害化发展，在中心地带老区村建设垃圾转运站。到2020年，配齐垃圾处理场配套设施设备，完善垃圾转运站及转运车辆配备，完善垃圾收集容器，城镇垃圾无害化处理率100%。新建二类公厕10座、公厕比例达到总数的10%以上；水冲公厕20座，水冲公厕比例达到总数的30%以上。新建污水管网21.2公里，城镇污水处理率达到100%。

提高燃气普及率。推进双鸭山三聚华本新能源有限责任公司焦炉气制液化天然气（LNG）项目，解决供气源头问题。加快奥德燃气有限公司储配站、中低压调压站和管网建设。提高燃气普及率，对新建住宅小区规划好管网建设，确保老区群众住宅小区入户达到100%，同时对具备条件的既有小区及饮食服务业纳入管道天然气服务范围。到2020年，管道天然气普及率达到75%以上。

（二）完善社会保障体系

按照广覆盖、保基本、多层次、可持续的原则，在老区努力构建"资金来源多元化、保障制度规范化、保障方式多层化、管理服务社会化"的社会保障体系。加大财政对老区社会保障的投入，多渠道筹措资金，合理确定保障标准和方式。到2020年，基本建立起与经济发展相适应的老区社会保障体系。

加快完善社会保险制度。社会保障制度基本完备，体系比较健全，覆盖范围进一步扩大，保障水平稳步提高，管理服务高效便捷，突出历史遗留问题基本解决。养老保险实现城乡和老区村全覆盖。失业保险参保率达100%，工伤保险、生育保险参保率分别达86%、80%以上。

加强社会救助体系建设。坚持把健全老区社会救助体系摆在政府工作的突出位置，把确保困难群众基本生活作为首要任务，进一步完善最低生活保障、专项救助、应急救济、社会互助服务建设，覆盖整个城乡居民的新型社会救助体系。

保障妇女儿童权益。推动妇女平等依法行使民主权利，平等获得教育资源、经济资源、卫生健康、社会保障、法律保护和参与环境社会事务管理的权利。坚持儿童优先原则，保障儿童平等享有受教育权利、卫生健康权利、社会福利保障服务和生存环境与法律保护。建立完善老区儿童福利服务网络，提升儿童福利水平。

支持残疾人事业发展。加快完善老区残疾人社会保障体系和服务体系，逐步提高低收入残疾人生活救助水平，为残疾人生活和发展提供制度性保障。办好残疾人特殊教育，扶持残疾人就业创业。抓好无障碍设施建设，推进残疾人身心健康康复工作。

（三）提高就业水平

实施更加积极就业政策，形成促进老区群众就业政策体系。加大对困难群体的扶持力度，实施更加有利于促进就业的税收优惠政策。落实国家关于促进就业的税收优惠政策，促进产业结构调整，支持小型微型企业发展，充分发挥其在吸纳城乡劳动力就业中的作用。实施更加有利于促进就业的金融支持政策，鼓励劳动者多渠道、多形式就业的扶持政策。通过优惠政策和就业服务扶持劳动者自谋职业、自主就业，鼓励和支持老区劳动者在小型微型企业就业，为劳动者灵活就业提供支持。积极开展创业工作，促进以创业带动就业。落实鼓励创业者创业的税收优惠、小额担保贷款、财政贴息等扶持政策，简化审批手续，改善创业环境。健全创业培训体系，充分发挥各类创业教育培训资源优势，以提高创业培训质量为重点，加强创业导师队伍建设，基层创业服务平台建设。健全创业服务体系，提高创业服务能力，为创业者提供项目信息、政策咨询、开业指导、融资服务、人力资源服务、跟踪扶持等一条龙服务。

（四）提高医疗卫生水平

围绕人人享有基本医疗卫生服务，全面推进公共卫生、医疗救治、医疗保障、药品供应保障、中医中药、公立医院改革、卫生人才、医学科研教育、信息化建设和卫生产业改革发展，着力打造老区"惠民卫生、和谐卫生、安全卫生、健康卫生、公共卫生、发展卫生"六大卫生。

到2020年底，基本公共卫生服务初步实现均等化，建立起比较完善的公共卫生服务体系；新型农村合作医疗制度进一步完善，医疗保障体系比较健全；国家基本药物制度初步建立，药品供应保障体系进一步规范，药品安全监测体系进一步完善；城乡基层医疗卫生服务体系进一步健全，基本医疗卫生服务可及性明显提高，居民就医费用负担有效减轻；公立医院改革试点取得实质进展，建立起比较科学的医疗卫生机构管理体制和运行机制，形成多元办医格局，基本适应人民群众多层次、多样化的医疗卫生需求；中西医并重全面坚持，中西医结合有力促进，中医药服务体系全面加强；深化医药卫生体制改革取得重大突破，基本建立覆盖城乡居民的基本医疗卫生制度，为群众提供安全、有效、方便、价廉的医疗卫生服务，实现老区人民病有所医，人人享有基本医疗卫生服务，人民群众健康水平进一步提高。

（五）完善住房保障体系

抓住国家和省的政策机遇，以改善民生、实现人民群众"住有所居"为宗旨，实施保障性安居工程，加大保障性住房建设力度，建立和完善以公共租赁为重点，以棚户区开发为支撑的住房保障体系，建立以住宅小区的供水、供气、供电、市政设施、园林绿化、环境卫生、房屋维修为一体的物业管理体系，加快住房建设，促进房地产业的健康发展。坚持建购并举、购买优先的原则，加大城市棚户区改造，推动政府购买棚改服务，构建多元化棚改实施主体，发挥开发性金融支持作用。到2020年，棚户区和城市危房改造1.24万户、改造房屋面积155万平方米，城镇人均住房建筑面积35平方米，让更多有能力入住县城新居的老区群众安居乐业。

（六）加强公共服务体系建设

加快养老服务体系建设。提高社会化养老服务能力，建立以家庭为主导、社区为依托、服务机构为支撑的多层次养老服务体系。鼓励社会力量发展养老事业，遵循"政府主导、社会参与、全民关怀"的原则，促进老年服务事业健康发展，实现老区村老年人综合性社会服务设施全覆盖。

健全完善疾病预防控制体系。建立以县疾病预防控制中心为主干，以社区卫生服务中心、乡镇卫生院为基础和以老区村卫生所为网底的三级疾病预防控制网络体系，提高整体疾病预防控制水平和工作效率，形成覆盖城乡、功能完善、反应灵敏、运转协调的疾病预防控制和应对突发公共卫生事件的网络体系。

推进"平安集贤"建设。完善社会治安综合治理体制机制，以信息化为支撑，加快建设社会治安立体防控体系，建设基础综合服务管理平台。落实重大决策，社会稳定风险评估制度，加强风险防控，完善社会矛盾排查预警和调处化解综合机制，加强和改进信访和调解工作，持续加大化解信访力度，有效预防和化解矛盾纠纷。严密防范，依法治访，维护社会秩序。

加强公共安全体系建设。建立健全社会预警体系，建立重大安全事故、突发事件报告制度，完善信息保障系统，强化粮食、食品、药品、餐饮卫生的监管，保障人民群众健康安全。建立突发事件应急机制，增强应急指挥、协调联运和快速救援能力。

抚今追昔，日益更新。老区经济社会改革发展取得全面进步。美好的蓝图绘就出崭新的未来，发展的号角指引奋勇前行。在县委的领导下，围绕"五大发展理念"，全力以赴实施"五个功能区"战略。实现第一个百年奋斗目标、决胜全面建成小康社会，为实现第二个百年奋斗目标而努力、踏上建设社会主义现代化国家新征程，不忘初心再出发，敢担重任立潮头，共筑中国梦的磅礴力量，激励广大群众和老区人民实现美好幸福生活而不断努力奋斗。

集贤县老区村分布图

大事记

1886年

娄姓一户在今太平镇太阳村开荒种地，时人称此地为娄家岗屯。

1890年

富克锦协领衙门在今集贤一带出放官荒，招民引佃，从此汉人大批迁入此地。

1896年

巩文炳、刘聚臣两户来境内，分别在今升昌、黎明一带开荒种地。

1900年

王寡妇携一双儿女到今丰乐太复村开荒，时人称此地为"王寡妇岗屯"。

1905年

宋殿海夫妻来今集贤国庆村开荒种地。翌年，王洪显来此地开设油坊，时人称此地为"王家油坊屯"。

1908年

何梦麟家迁入今集贤永发村开荒种地，建梦麟屯。

1910年

建立富锦县，此地为富锦县辖区。

发生水灾，集贤一带灾情严重；灾后瘟疫流行。

1913年

春，富锦设警察署。并在今集贤建立富锦县第五区和警察分所。

1914年

在柳树河(今丰乐镇)、太平镇一带开始设有地方"绿脚差"，从事传递信件、邮包和电报。

1915年

富锦县公署派巴印堂作为放地委员，到今集贤一带发放土地执照。国强街基(今升昌镇)建第一所公办小学校。翌年，因财政拮据停办，改为私塾。

清丈土地，重新发放土地执照。

1917年

富锦县知事来集贤与当地绅士、地主会商，确定集贤镇街基址。

第一家商店铺——"刘英子铺"在集贤镇开张。

1918年

集贤镇内建立源昌庆、德发和、和发新三家中药店。

1919年

富锦县立公办第七小学在五区"老警察屯"创立。

夏、秋霍乱流行，死者甚众。

1921年

天花、麻疹、斑疹、伤寒等传染病流行。

1923年

5月，富锦县知事宋云桐"出放五区集贤镇、六区七星屯镇两处街基，以兴商业"，集贤镇由是日见兴隆。

1926年

8月，王富、王荣、王文奎、姜珍等人在三排（今兴安乡）组办热（热河）、奉(奉天)、吉（吉林）、江（黑龙江）四省慈善会富锦分会。

1927年

李九洲于集贤镇建立第一个应用西医疗法之专业医院——九洲医院。

1928年

第一座砖窑在五区张海屯兴办，以烧青砖为业。

1929年

第一座砖瓦结构的建筑——"关岳庙"在集贤镇东南隅始建。

吴国文在三排（今兴安）组织佛教会。

吉林军李杜将军派一连军队进驻集贤。

1930年

集昌、振兴、同昌源三家私人工厂用汽力机带动小型发电机发电，供本厂照明。

1931年

9月18日，日本帝国主义炸毁了南满铁路柳条沟一段路轨，向东北军营地和沈阳进攻，发动了侵略中国的"九一八"事变。

9月19日，中共满洲省委召开紧急会议，发表《为日本帝国主义武装占领满洲宣言》，揭露日本军的侵略罪行和国民党政府不抵抗的可耻行径，号召东北各界同胞起来赶走日本侵略者。

9月20日，中共中央发表《为日本帝国主义强占东三省宣言》，号召全国人民团结起来，反对日本帝国主义强占东北，为民族生存和祖国神圣领土完整而战。

同年，中共汤原中心县委派中共党员李万春，李仁根等人到安邦河一带（集贤地区）开辟党的工作。

1932年

2月4日，中共汤原中心县委直属中共满洲省委领导后，改选了县委领导成员，调原县委书记李春满到富锦县安邦河（现为集贤县所辖）地区组建抗日游击队。

3月5日，中共满洲省委发表了《反对建立伪满洲国政府》的宣言，号召各族人民武装起来，为驱逐日本帝国主义，推翻日本新工具——满洲"独立政府"而战斗。

4月，中共地下党员李万春，李仁根等在集贤地区创建了中共安邦河党支部，隶属汤原中心县委领导。

10月，红、黄枪会与日本侵略军会战于桦川马忠显大桥。

11月27日，日本侵略军小滨司令（名小滨士善，中佐衔），率日军侵入集贤镇。后集贤各地成立"自卫团"维持社会治安。

1933年

7月，中共汤原中心县委根据中共满洲省委的指示精神，为了使集贤人民的抗日斗争走上党领导的正确轨道，派李春满等人来集贤（当时为富锦县安邦河区）秘密组建了中国共产党安邦河区委员会。区委书纪李春满、委员李爱道、金正国等。区委办公地点设在夹信子村（今胜利村），宽厚甲屯（今红联村）刘世发家，共有党员28名，辖4个党支部，隶属中共汤原中心县委领导，区委建立后，广泛发动群众，宣传群众，在集贤这块土地上播下了抗日的火种。

8月，集昌火磨采用机器制粉。

1934年

2月26日（农历正月初三），中共安邦河区委书记李春满（朝鲜族），金正国（朝鲜族）等4人，去夹信子村收缴地主"高大冤"的武器，李春满等3人壮烈牺牲，金正国脱险。安邦河区委工作的开展受到了一定的影响。

3月，中共汤原中心县委派李忠义（朝鲜族），重新组建安邦河区委。李忠义任区委书记，委员由梁家众和老杜担任。区委重建后，办公地点仍设在夹信子村宽厚甲屯刘世发家。救国会会员发展到120多人，农民协会会员发展到60多人。

同年春，纪振纲、鲁祥领导的"红枪会"再次攻打富锦县的集贤镇，重创伪军三十五团。

5月，夏云杰领导下的鲁祥"红枪会"在富锦县五区（集贤镇）境内，宣传抗日主张，组织抗日队伍，沉重地打击了伪军的嚣张气焰。据伪富锦县志记载："康德元年五月间，匪首鲁祥盘踞五区境内，势甚猖獗，良民被匪煽惑及胁迫而误入歧途者甚伙。匪害之甚，几遍全区，商民损失颇巨。"从侧面说明了鲁祥率领的抗日武装对日军的打击是很沉重的。

冬，中共安邦河区委秘密组织救国会和农民协会，发展90名救国会会员和40名农民协会会员。

刘世发是集贤县发展的第一名共产党员。为党保管过重要机密文件，传送过重要情报。他的家成为中共安邦河区委的交通站，联络点。许多主要会议都在他家召开。

1935年

1月，中共安邦河区委书记李忠义调离，汤原中心县委派任春植为中共安邦河区委书记。组织委员为李施远（朝鲜族），宣传委员为李万春（朝鲜族）。

2月9日，中共安邦河区委宣传委员李万春等7人带领30多名进步青年攻打夹信子屯伪警察分驻所，但由于行动失密，李万春等十余人壮烈牺牲。

5月，中共安邦河区委配合汤原游击总队，袭击了夹信子自卫团和警察分驻所，缴获长枪40余支。

9月，集贤基督教会成立。

9月12日（中秋节），汤原游击总队为帮助中共安邦河区委建立武装游击连，由戴鸿宾队长和徐光海带领18名队员，化装成伪警察，进入集贤镇大地主何梦林家，缴获地主武装和自卫团的长枪40余支，从而武装了安邦河区游击连。

秋，自发的群众武装组织，明山队队长祁致中率部在六部落打伏击，毙伤日伪军100多人，获长枪30余支，机枪一挺。

11月，抗日将领夏云杰率部攻打太平镇（今升昌）的伪警察自卫团和商务会。

12日，区委书记任春植调离中共安邦河区委。

1936年

夏，中共安邦河区委在稻田地屯秘密办起了一所军政学校。培养出连、排干部40多名，输送到抗联队伍和地方游击队伍。

9月18日，在召开的珠河和汤原两个中心县委和抗联第三、六、九军党委军政联席会议后，中共汤原中心县委改称为中共北满临时省委下江（松花江下游）特委另行组建汤原县委。从此，中共安邦河区委隶属于下江特委领导。姜百川（赵子明）担任安邦河区委书记，李忠义，谢友才为委员。

秋，中共安邦河区委组建抗日游击队（当时称义勇军，后编入抗联六军四团），卞永祥为连长，王会民为分队长，共40多人。活动于安邦河一带，配合抗日联军的斗争。

抗联六军四团政治部主任马德山率部队，在安邦河区游击连的配合下，将伪满洲军35团骑兵连缴械，获长短枪72支、机枪2挺、掷弹筒2个、战马40余匹。

中共安邦河区委派党员老董到别拉音山西德祥屯开展工作，先后发展4名党员，成立了中共山西党支部，书记老董，徐化民任组织委员兼宣传委员，王树荣任武装委员。

11月，中共桦川县委委派刘忠民到富锦县安邦河区委发展组织，开展工作。姜百川调离安邦河区委。

中共下江特委书记白江绪任命刘忠民为桦川县委组织部部长。同月，刘忠民受县委书记指派到富锦县安邦河区（现归集贤县管辖）指导工作。从此，安邦河区党的工作日渐活跃，活动区域逐步扩大到腰六排（今腰屯乡）和国强街基（今升昌镇）一带。各地都相继建立了救国会，妇救会，儿童团和自卫队等抗日群众组织，救国会会员发展到600多人。

11月15日，抗联六军一师师长马德山率马队路经"高丽屯"（今高丰村）时，与日本关东军进行一次遭遇战，打死日本侵略军15人。

冬，中共安邦河区委为支援抗日根据地建设，帮助抗联六军和独立师在七星砬子山建立兵工厂。先后从集贤火磨（今集贤粉厂）搞到两台旧机床，帮助建立了李　涛抗日联军兵工厂，被服厂和后方医院。

12月，刘忠民发展李连贵入党，同时李连贵接任中共安邦河区委书记职务。

1937年

1月，中共下江特委派特派员赵明久到安邦河地区协同刘忠民进行发展组织工作。

2月，中共下江特委在夹信子村、宽厚甲屯耿贵春家召开会议。决定在中共安邦河区委的基础上，正式成立中共富锦县委。县委书记由刘忠民担任。

5月，中共下江特委分局在刘士发屯（今红联村）建立。

8月，中共安邦河区委将60多人的安邦河区游击连输送到抗日部队，编为抗联六军四团一连。

9月，抗日联军独立师300余人在祁致中的率领下先后两次袭击富锦县第五区的国强街基（今集贤县升昌镇），沉重地打击了敌人的嚣张气焰。

9月18日，抗联四军二师师长李天柱率领部队攻打国强街基大排队潘孝堂（别号潘大牙，后被人民政府镇压）时，与敌人展开了巷战。师长李天柱在去潘孝堂炮台途中被暗枪击中牺牲，年仅39岁。

11月16日，东北抗日联军第六军骑兵部队在集贤县国强街基（今升昌镇）西南方，与日军"讨伐队"展开战斗，并歼灭部分敌人。

12月3日，抗联八军一师政治部主任金根在七星砬子惨遭叛徒杀害，年仅36岁。

1938年

1月，原夹信子村的救国会会员王和向日伪军警告密，致使安邦河区委书记李连贵等10人被敌人逮捕。他们在敌人的严刑拷打下英勇不屈，其中9人壮烈牺牲。

2月25日，抗联四军二师师长王毓峰在七星砬子密营养病期间被叛徒杀害，时年41岁。

3月15日，日伪军搞了"三一五"大逮捕，中共安邦河区委遭到严重破坏，中共富锦县委书记刘善一被捕，党组织被迫停止了活动。

5月27日，抗联第四、五军由宝清县大叶子沟出发向依兰、方正地区进军。在途经富锦县国强街基（今集贤县升昌镇）附近与敌人发生缴烈战斗，击毙日伪军7人。四军一师师长张相武在作战中英勇牺牲。年仅25岁。

6月26日，抗联六军一师政治部主任徐光海率部队偷袭国强街基伪警察署，活捉24名警察，2名指导官和1名翻译官；击毙日本关东军警长小原茂等2人；缴获长枪30多支、手枪5支、机枪1

挺。

8月9日，东北抗日联军六军一师政治部主任徐光海率领下江留守部队，在富锦县双山子（今集贤县境内）伏击靖安军汽车运输队，获得胜利。

12月，抗联六军一师政治部主任徐光海在锅盔山战斗中牺牲。

1939年

是年，日本关东军在集贤县境内开始抓劳工。

冬，强征"出荷粮"。

1940年

春，日本武装移民到集贤县境内建立四个"开拓团"。

3月，建立日满金融合作社集贤支社。

秋，二道河子改道工程开工。

1941年

春，在集贤镇内成立特务室。

是年，佳木斯第七宪兵团一个分队进驻集贤。开始征"国兵"。

是年，强征劳工修笔架山水库和太平飞机场。

是年，日本侵略军412部队和"松井组合"，强征劳工修建集贤岳家街飞机场。

1943年

6月，发生虫灾，农作物减产五成。

筑佳木斯至双鸭山富力矿之铁路。

1944年

发生大水灾，大片农田无收。

佳木斯至富锦砂石公路建成。

1945年

8月，日本投降，日本开拓团于东板房屠杀，日本开拓移民千余人，只少数人幸存。

8月16日，苏联红军进驻集贤镇。

10月，王福、李延会等土匪开始活动。

冬，发生牛瘟，牛死亡80%。

冬，中共合江省委派民众运动工作团到太平镇领导群众开展反霸清算试点。

1946年

1月，富锦县建立第五区民主政府，徐化民任区长。

3月，中共合江省委民众运动工作团进驻集贤镇等地，领导群众开展反霸清算斗争。

苏联红军回国，同时建集贤卫戍司令部。

4月，庆顺屯失火，全屯几乎烧光。

赵振华出任本县第一任中共县委书记。

6月6日，集贤始建县制，县政府诞生，徐化民任县长。

6月，开始扩军，组建县独立团（后改县大队），开始全面剿匪。

8月，开始征建国公粮。

9月，集昌火磨被大火烧毁。

11月，开展锄奸反霸运动。锄奸中查出钻进人民政权和革命群众组织内窃据要职的刘青山、徐天民等奸细，破获了国民党特务组织保安纵队第五支队。反霸中镇压了伪集贤镇商务会会长武连璋、伪街长刘殿昌、汉奸恶霸矫志朋等。

秋，合江警卫团在刘家店、娄家岗一带全歼杨荒子、李文治等土匪。

11月25日，县独立团团长汤升昌，在大叶沟剿匪时牺牲。

冬，开始建立区政权。

1947年

2月，县政府发放第一期农贷，协助农民恢复生产。

春，查处国民党东北保安纵队第五支队案，处决徐天民，何正之等首恶分子。

春，土地改革试点工作开始，同年"土改"工作深入展开。

6月，中共中央委员、合江省委书记张平之（张闻天）视察集贤县永安村、新民村的"土改"试点工作。

冬，对干部实行"三查五清"，俗称"搬石头"。

冬，匪首李延会在太平镇（今升昌）被枭首示众。

1948年

1月，平分土地工作完成。

建立集贤县妇女联合会。

春，复查平分土地的政策执行情况，纠正错误；划阶级，定成分，"土改"运动结束。

2月，小明甲刘文彬互助组建立为全县第一个互助组。

3月，县召开农民代表大会，庆祝胜利，动员生产，检阅民兵自卫队。

4月，开始民主建政，八月结束，普遍建立村人民政权。

5月，发放土地执照。

冬，中共党组织开始在社会上公开，积极慎重发展新党员。

1949年

6—7月，旱灾严重,农民求雨,政府进行教育。是年减产三成。

11月26日，县委召开全县党员大会，贯彻省第二次党代会精神。

12月29日，河北、山东移民来我县三道岗、兴隆、太平，腰屯四个区落户。

12月，县政府改叫县人民政府。

1950年

1月，召开县第一次各界人民代表会议。

3月，召开集贤县第二次各界人民代表会议。

8月，宣传实施《中华人民共和国婚姻法》。

9月，开展和平签名运动，签名者达60 000人，占全县总人口74%。

10月，开展整党整风运动。

10—12月，抗美援朝开始，全县有300人入朝参战。

1951年

1月20日，中共集贤县委首次组成常务委员会。

2月，镇压反革命运动开始。

5月1日，全县举行声势浩大的保卫和平反对战争的示威游行。

5月8日，全县南部山区发生森林火灾，毁林45 000余亩，县组织万人入山灭火。

5月，"镇反"中，全县处决反革命分子18人。

6月，开展捐献飞机大炮运动，全县共捐东北币97 722多万元，完成计划的140%。

7月，全国少数民族参观团首次来县参观。

8月，中共松江省委组织老根据地慰问团来县慰问。

8月7日，设立集贤县人民检察署。

12月，开展"三反"运动和"五反"运动，至1952年夏结束。

冬，刘文彬互助组在省内首先试用马拉家具成功。

1952年

1月，刘文彬、徐连生、孙义等3人创办的3个初级农业生产合作社建立。

3月，教育系统中心校长级干部分3期参加省委委托佳木斯师范学校组织的合江地区知识分子思想改造运动，至12月结束。

3月25日，各界7 500多人，在县城集会，热烈欢迎中国人民志愿军归国代表团和朝鲜人民访华团。

3—4月，成立县防疫委员会，举办爱国防疫训练班，开展以反美细菌战为中心的爱国卫生运动。

建立笔架山农场。

4月22日，省劳动模范刘文彬作为中国农民代表团成员访苏。

8月，省立集贤初级中学建立。

8—12月，徐连生参加赴朝慰问团去朝鲜慰问中国人民志愿军。

11月中旬，成立县扫除文盲委员会，下设办公室，推广速成识字法，开展"扫盲"运动。

12月，中央农垦部长王震来集贤视察。

1953年

2月，全县普遍建立初级农业生产合作社。

4月1日，建立县人民武装委员会。

7月，开展普选和人口调查，10月末结束。

12月，开始贯彻粮食统购统销政策。

1954年

3月8日，召开集贤县首届人民代表大会第一次会议。

6月15日，原属我县的双鸭山矿区成立矿区人民政府，并改由松江省直辖。

6月28日，成立集贤县宪法（草案）讨论委员会。

10月22日—11月11日，中央友谊农场场址调查组来本县三道岗进行土地勘测。

1955年

2月4日，县人民政府发出《关于开展推销一九五五年国家经济建设公债工作的通知》。

3月19日，全国人民代表大会部分代表来县视察。

4月5日，接收安置山东移民400户（2 000余人）。

7月20日，实行生猪派养、派购，城镇开始定量供应猪肉。

8月1日，设立集贤县人民政府的派出机关——友谊农场区公所。

9月9日，县人民政府改叫县人民委员会。

9月，二九一农场建场。

12月7日，友谊农场建成，王操犁任场长。

12月9日，召开中共集贤县第一届党员代表大会。

1956年

1月，召开集贤县进入社会主义庆祝大会。

3月6日，原属桦川县的苏家店、悦来、太平、新城等4个区和富锦柳大林一带有4个村划归集贤县辖。全县划成33个乡、2个镇和8个区公所。

3月，在县委领导下开展肃反运动。

4月18日，县置由集贤镇移至福利屯。

5月，开始第一次审干。

6月15日，山东移民慰问团来县慰问。

7月，发生较大洪涝灾害，政府组织人民排涝，抗灾自救。

8月5日，福利屯改为福利镇。

8月22日，成立县选举委员会，领导第二次普选，9月末结束。

10月，县委机关报——《集贤报》创刊。

10月16日，集贤县第二届人民代表大会第一次会议召开。

11月，全县享受工薪分待遇的工作人员，一律改为定级工资制。

1957年

3月6日，县委下放部分干部到高级社担任领导职务。

3月9日，成立县科学技术普及协会。

4月1日，原属本县的公立、双河、西山3个自然屯划归双鸭山市。

4月，劳动模范徐连生参加黑龙江省组织的赴苏联参观团去苏联。

7月，发生较大洪涝灾害，县成立防汛指挥部，领导抗洪、排涝。

8月，党内整风运动开始，并号召群众助党整风。

11月，长征、福利、农丰3个村首先接入国家电网。农村用电开始。

12月9日，省将本县瓮泉乡及沙岗乡的中华社，太保乡的红星社，升昌乡的日升社和永胜社的东胜屯划归双鸭山市。

冬，农村开展社会主义大辩论；城镇开始"反右"斗争。

1958年

1月9日，开始精简机构，首批下放干部154名。

1月29日，省将集贤县的悦来、苏家店、孟家岗、丰年、中安、乌龙、新城、东林等8个乡（镇）划归桦川县。

2月13日，召开第二届党员代表大会第一次会议，通过第二个五年计划和十年发展规划。

3月29日，全县将24个乡（镇）合并为15个乡（镇）。

4月1日，集贤镇三门于屯依万增家失火，受害75户，损失达50万元。

4月6日，机构精简工作结束，精简职工1 370人，撤销机构72个。

5月15日，召开县第三届人民代表大会第一次会议。

11月5日，三道岗、七星、友邻、友谊等四个乡及兴隆乡之兴荣、兴太、丰原3个作业区划归友谊农场。

1959年

1月14日，成立中国人民政治协商会议集贤县第一届委员会。

2月22日，省委书记杨易辰参加中共集贤县第二届党代会第二次会议，并在会上讲话。

3月24日，县委召开三级干部会议，解决"一平二调三收款"问题，实行三级所有、三级管理、三级核算，并通过《巩固和提高人民公社的六项问题的规定（草案）》。

是年，腰屯公社划归二九一农场，兴安公社划归笔架山农场。

1960年

1月，农村开始整党整社，对农民进行社会主义教育。

2月1日，集贤县制撤销，划归双鸭山市辖，集贤变为双市郊区，成立郊区党委和郊区办事处。

是年秋，严重涝灾，低温冷害，农作物减产五成。

是年，城乡人民生活极端困难，实行"低标准、瓜菜代"，大搞"代食品"活动。

1961年

秋，成立农村整党整社领导小组，整党整社工作开始。

是年，发生有感地震一次。

1962年

1月5日，农村基本核算单位下放。

1月11日—2月7日，双鸭山市委副书兼郊区党委书记王泰参加中央工作会议（即七千人大会）。

春，腰屯、兴安两公社分别从二九一、笔架山农场划回。恢复腰屯公社，成立红星公社。

10月30日，集贤县制恢复。

1963年

2月，建立7处经营林场，下设41个营林指导站。

2月，开展学习毛主席著作运动，后在1966年5月县委成立学毛泽东著作委员会。

3月2日，召开中共集贤县第三届党员代表大会。

4月20日，召开县第五届人民代表大会第一次会议。

5月16日，成立增产节约和"五反"运动领导小组，开展增产节约和"五反"运动。

7月22日，成立县武装委员会。

10月10日，成立县农村社会主义教育运动办公室。

12月17日，召开三级干部会，动员各级干部进行自我教育。农村社会主义教育运动开始。

1964年

4月10日，经省人委批准，将福利镇外的17个农业生产大队划出，成立沙岗公社；红星公社撤销，恢复兴安公社。

5月5日，成立集贤县计划生育委员会。

10月，合江地区社教工作总团抽调4 000余干部到集贤县搞"社教"试点。

1965年

3月，召开县贫下中农代表大会，成立集贤县贫下中农协会。

6月16日，农业系统、农村党的组织中，试行设立政治处、政治指导员、政治队长。

1966年

2月7日，设计年产合成氨3 000吨的县化肥厂始建。

4月15日，集贤县第六届人民代表大会第一次会议召开。

1967年

3月，县成立县革命委员会筹备组。

4月25日，召开群众大会，宣布集贤县革命委员会成立。

1969年

10月，建火葬场，开始实行火葬。

1971年

9月22日，县建立社会治安指挥部，民兵开始走向社会。

1972年

5月，召开中共集贤县第四次党员代表大会，成立新县委。

6月27日，建立新建和黎明公社。

11月8日，著名数学家华罗庚推广优选法小分队来县。县召开推广优选法广播大会。

1973年

9月15日，县电影院因电火焚毁，损失95 000元。

1974年

2月2日，"批林批孔运动"开始。

6月25日，县革委发布《关于集中坟地和零散坟墓就地深埋的通告》。

6月，福利屯至建三江农场前进村铁路开始修筑。

1975年

1月13日，王江以全国第四届人民代表大会代表资格出席四届人大。

4月18日，县委发出《关于反对铺张浪费、严禁大吃大喝的决定》。

6月16日，旱情严重，第一次用"三七"高炮发射碘化银催雨。

1976年

1月22日，召开中共集贤县第五次党员代表大会。

9月，召开悼念毛主席大会。

10月，在县体育场召开热烈庆祝粉碎"四人帮"万人群众大会，会后游行。

1977年

8月12日，王江当选为党的十一大代表赴京参加党的十一大。

8月21日，县在体育场召开庆祝党的十一大和中央全会胜利召开大会。

9月，农业部在本县召开东北地区抗低温冷害协作现场会。

10月20日，成立集贤县民兵独立团和民兵武装基干团。

10月24日，《人民日报》发表《此风刹得好》的评论员文章，表彰集贤县委禁止大吃大喝的好作风。

1978年

3月7日，县成立人民来信来访领导小组，下设办公室。

5月，旱情严重，全县受灾面积达32万亩。

10月，县检察院恢复工作。

12月11日，沈阳军区司令员李德生来县视察战备。

1979年

1月11日，进行经济管理体制改革，县成立经济委员会。

6月10日，陈雷省长来县视察，冒雨深入田间。

8月，城乡普遍开展法制和民主的宣传教育。

11月1日，扩大企业自主权试点开始。

12月23日，中国共产党集贤县第六次代表大会召开。

是年，从美国约翰尔公司和凡尔蒙公司引进农业机械，在友谊农场五分场二队实行全盘机械化试点。

1980年

3月15日，在上级资助下，福利镇自来水工程开工。

5月2日，召开集贤县第七次人民代表大会，设立县人民代表大会常务委员会。

5月，撤销"集贤县革命委员会"，恢复集贤县人民政府名称。

1981年

1月3日，成立县人口普查工作领导小组，开始第三次人口普查。

5月2日，友谊农场一分场（兴隆镇）发生重大火灾，烧毁房屋21 600平方米，损失280万元。

6月18日，成立集贤县县志编纂委员会，下设办公室，开始编写《集贤县志》。

是年，夏季连续40多天阴雨，酿成洪涝灾害，产量减五成，损失200余万元，

年末，经委直属包干企业工业总产值实际完成1,441万元，盈利企业盈利为79.1万元，盈亏相抵后实现利润22.2万元，摘掉了从1970年以来连续11年的亏损帽子。

1982年

2月9日至11日，县委召开六届六次全委（扩大）会议，动员全县各方面的力量，为实现农业一年恢复而努力奋斗。

4月14日，县政府颁发《农村房屋宅基地执照》。

6月2日，县委、县政府决定，建设七星砬子抗联红色旅游基地。

6月17日，集贤县在滚兔岭采集石器7件，发掘陶器112件，初步掌握集贤县地表文物概况。

7月30日，笔架山劳改支队恢复劳改建制后，首批接收犯人关押改造。

8月15日，教育部、财政部、计委、经委授予兴安公社保胜小学全国勤工俭学先进单位称号。

10月1日，兴安公社保胜小学被团中央授予红花集体称号。

12月，集贤县第一轮土地承包开始，15年不变。试点工作在腰屯公社宏图大队等4个大队进行。

1983年

1月24日，县政府召开全县四级干部会议暨1982年度劳动模范大会。

2月1日，集贤县落实中共中央下发的关于《当前农村经济政策的若干问题》的精神。全县222个生产大队，507个生产队全部实行了分田到户。

3月，集贤县人民武装部被沈阳军区评为民兵工作"三落实"先进单位。

3月30日，集贤县兴安公社保胜小学被教育部、全国总工会授予五讲四美为人师表称号。

5月6日，动工兴建安邦河涝区福北、兴安、兴发、哈达密河支干渠配套水利工程。

6月8日，县委印发《承包土地长期不变，合同三年一定，小动大不动》的实施办法。

7月10日至12日，中国共产党集贤县第七次代表大会召开。

8月，集贤县计划生育委员会被省政府授予全省计划生育工作先进单位称号。

10月，笔架山农场武装部由原红兴隆国营农场管理局划归集贤县。

12月7日，县委决定在全县范围内进行整党。

1984年

2月10日，太平公社太林大队社员何柏春被团中央、农牧渔业部、中国科协授予全国农村学科学、用科学青年标兵称号。

3月24日，团县委被团省授予全省农村基层团组织整顿工作先进团委称号。

4月16日，集贤镇内自来水工程上马，结束了镇内居民吃小井水的历史。

5月，各乡镇人民公社改为乡镇人民政府。

7至8月，省考古研究所和双鸭山市文管站，在滚兔岭首次进行考古发掘，出土了石制、铁制、陶制器物60余件。

8月17日至25日，县委、县政府邀请集贤县第四任县委书记钱兴门、原集贤县委宣传部部长、现广东省政协常委廖立民等41位在集贤县工作过的老干部回访。

10月7日至10日，县委、县政府邀请集贤县第一任县委书记赵振华等10位在集贤县工作过的老干部回访。

12月5日，恢复友谊县，集贤县行政区域总面积减少到22 581.1平方公里。

12月15日，合江地区实行市管县领导体制，集贤县隶属佳木斯市管辖。

1985年

2月，在全国少年滑雪比赛集贤县女运动员宁红萍获小回转、大回转、滑降三块金牌。

5月1日，县总工会职工学校校长胡明荣获全国五一劳动奖章。

9月10日，在县城人民广场召开全县第一个教师节庆祝大会，1万多人参加了庆祝大会。

12月，集贤县连续三年被省、市授予造林绿化标兵县称号。

12月30日，团省委命名红旗青年之家称号单位：集贤镇双胜村、太平乡太增村。

1986年

1月8日，佳木斯市出口创汇暨横向经济联合工作会议在集贤县召开，集贤县被授予全市出口创汇先进县称号。

3月1日，丰乐镇人民政府、县经济委员会被授予全国计划生育工作先进集体称号。县计生委副主任王振忠、腰屯乡计划生育助理员刘兴河，被授予全国计划生育工作先进工作者称号。

3月12日，省顾问委员会主任陈雷，到集贤县调研。并为县委、县政府题词：端正党风，促进社会主义建设。

4月28日，省委副书记刘成果、团省委书记王悦华、佳木斯市委副书记韩树礼，到集贤县调研共青团工作。

5月25日，集贤县隆重举行建县40周年庆祝大会，应邀回访的中纪委书记韩天石等21人出席庆祝大会。

6月5日，集贤县被省政府授予首批全省体育先进县称号。

7月24日至25日，省人大常委会副主任赵振华到集贤县对贯彻《义务扫盲法》、普及九年义务扫盲情况进行视察。

8月4日至7日，原国防科学技术工业委员会司令部副参谋长彭施鲁和河北省宣化炮兵指挥学院副校长曹曙炎来到集贤县，调查回访抗联根据地。

9月10日，中国人民大学教授林增杰等院校教授到集贤县研讨地籍贯管理。

10月24日至25日，县委召开村级整党工作会议，全县开展为期3个月的村级整党工作。

12月，集贤县被授予全国绿化工作先进单位、佳木斯市绿化三江标兵县称号。

1987年

1月，集贤县被民政部授予全国扶贫先进县称号。

2月17日，县工业科研所邢济利被中国科学技术协会选送赴日本东京进修塑料专业1年，这是集贤县第一个出国的科技人员。

7月30日，国家土地管理局长王先进等到集贤县视察土地详查后续工作，省土地管理局长王希才陪同视察。

9月29日，福双路立交桥建成通车。大桥的建成，对畅通双鸭山，繁荣三江经济发挥积极作用。

10月，县邮电局被国家邮电部授予思想政治工作优秀企业和党风建设先进单位称号。

1988年

1月1日，集贤县划归双鸭山市管辖。

4月3日，省民政厅批准沙岗乡红联村、福合村，兴安乡合发村，集贤镇永发村，升昌镇治安村为东北抗联活动根据地。

6月30日，县委发出《关于进一步落实农村政策几个问题的通知》。要求继续稳定土地承包制，努力减轻农民负担，加强对落实政策的领导。

7月1日，太平乡太林村农民何柏春被授予全国扶贫模范称号。

9月13日，省财政厅副厅长曹广亮，在双鸭山市副市长胡有贵陪同下，到集贤县视察工作。

10月14日，县农贸市场被省工商行政管理局授予省级文明市场称号。

12月，团中央、农业部、国家科协授予永安乡中学校教育实践活动先进单位称号。

1989年

1月12日，县体校速滑队在全国春芽杯比赛中获集体滑行第一名。

3月7日，土地租赁制在全县农村推开。

7月11日，县工商联合会第七次会员代表大会召开，停止活动22年的全县工商业联合会恢复工作。

9月18日至21日，中共集贤县第九次代表大会召开，为今后五年制定了科学的发展目标。

10月10日，中央人民广播电台播出集贤县废弃地利用的典型经验。

12月5日，省委、省政府授予集贤县为全省文明城镇建设先进县称号。

1990年

1月19日至20日，召开全县农村工作会议。会议提出"稳定政策，深化改革，依靠科技，突出重点，全面发展"的农村工作指导方针。

3月15日，县委、县政府做出关于实施"科技兴县"战略方针的决定，并下发了《集贤县"科技兴县"实施方案》。

8月9日，中国计划生育协会领导视察集贤县计划生育协会工作。

10月12日，升昌镇文化站被文化部授予全国先进文化站称号。

12月28日，集贤县被省委、省政府授予文明村建设先进县称号。

同年，台胞黄永田、王冠杰、邢义堂、张登平、李时平、李小惠、王荣君、张彦，到集贤探亲。

1991年

3月11日至5月中旬，县委抽调220名县直机关干部和乡镇干部，开展农村社会主义思想教育试点工作。

4月，县文史资料《永存的足迹》出版。记述了集贤县人民在剿匪、"土改"、建政中发生的动人故事。

5月，农民顾长军、王保玉被团中央、国家科委授予国家级青年星火带头人称号，王建华被团省委授予新长征突击手称号。

7月13日，全县经济体制改革工作会议召开，会议出台了《集贤县深化社会保险制度改革的意见》和《集贤县发育完善商品市场的意见》。

8月18日，一列满载西瓜的列车从笔架山车站发往北京站，这是丰乐镇板子房西瓜首次打进北京市场。

9月16日至17日，联合国儿童基金会高级官员帕克夫妇和官员庞汝彦到县考察儿童营养监测与改善工作。

9月，县举办首届农民艺术节。

10月，县委党史研究室编撰的《集贤儿女》一书出版发行。该书收集了国家、省、市级劳动模范及英雄事迹共计32篇。

12月，集贤县连续三年荣获省地方道路建设先进县称号，连续两年荣获省级公路建设先进县称号。

1992年

1月8日，县委召开第三届科技兴农研讨会，会议提出科技兴农意见。

3月5日，县政府印发《关于鼓励科技人员为科技兴工服务若干政策的暂行规定》。

4月10日，县政府颁布《集贤县国有土地有偿使用暂行办法》。至此，集贤县结束了长期无偿使用土地的局面。

6月2日，全县经济体制改革工作会议召开。会议出台《集贤县工业企业转换机制的实施意见》《国合商业"四放活"改革实施意见》《住房制度改革方案》《合作集资建住宅的优惠政策》。

9月16日，县举行"农民城"奠基仪式。该市场成为佳木斯东部地区果菜集聚中心。

10月10日，县仿古商业一条街举行竣工剪彩。主要经营小商品批发、各种风味小吃。

11月，县地方道路建设跨入全省先进县行列，获全省地方道路建设甲级县、金牌奖保持奖。

12月，集贤县被中宣部、国家新闻出版总署授予农村图书发行先进县称号。县新华书店连续三年被省新闻出版局授予农村图书发行先进单位称号。被省委、省政府授予省级文明单位标兵称号。

1993年

1月8日，集贤县酿造厂第一批瓶装酱油投放市场，是佳木斯东部规模最大的瓶装酱油生产线。

2月18日，县委、县政府印发了《关于切实减轻农民负担的紧急通知》和《农民负担管理手册》。

6月25日，县出现历史上罕见干旱，受旱面积占全县播种面积的90%。

8月11日，市政府领导到沙岗乡新发村，慰问勇斗歹徒青年农民张春波，并将张春波破格录用为民警。

9月，在全国计划生育"三为主"经验交流会暨先进县表彰大会上，集贤县被授予全国计划生育工作先进单位称号。

12月7日，集贤县为全国第三批开展农村社会养老保险试点县，并被评为全国先进县。

1994年

1月，集贤县实行分税制，税收划分为中央税、地方税、中央与地方共享税。这是财政收入制度的一项重大改革。

3月21日，省委书记岳岐峰在市委书记杨永茂等陪同下，到县商业一条街和商贸城调研。

5月20日，县委发出《关于减轻农民负担的通知》。要求杜绝高利抬款，粮食订购任务不准加码，减负农业税不准截留，在土地承包上不准搞土政策。

6月12日，省委书记岳岐峰，副书记马国良，省委常委秘书长王先民到集贤县商贸城调研。推广发展一个市场，带动一片产业，创造双向效益的经验。

8月18日，县委、县政府作出《关于加快发展乡镇企业个体私营经济的若干规定》。

12月，县被省教育委员会、省财政厅授予学校危房改造先进县称号，获奖金34万元。

1995年

1月5日，丰乐镇兴发村农民顾长军，被国家科委、团中央授予全国青年星火带头人称号。

5月11日，省政府副省长周铁农到集贤县农技高中调研。

7月25日，省委副书记王建功到县商贸城调研。

9月23日，县委印发《中共集贤县委员会关于追授李子臣同志"优秀共产党员标兵"称号暨开展向李子臣同志学习活动的决定》。编印了《永不熄灭的无影灯》一书，开展学习李子臣的教育活动。

12月23日，原省长陈雷、省政协副主席李敏到集贤县视察。李敏视察了她在抗日斗争中曾经战斗过的沙岗乡红联村、兴安乡合发村。

1996年

1月，县委印发《集贤县行政机构改革工作方案》，开始进行行政机构改革。

3月1日，县委、县政府出台《集贤县招商引资优惠政策》。

6月8日至10日，原中纪委书记韩天石到集贤县视察。并为商贸城题词"繁荣经济，建好市场"。

8月，县教育委员会被授予省"八五"期间重视教育科研工作先进单位称号。

9月10日，省土地管理局在沙岗乡高丰村召开全省土地复耕现场会。中央电视台、黑龙江电视台进行了现场转播。

11月5日，双鸭山市首家股份合作制企业——集贤县振业水泥实业有限公司诞生。

12月9日，印发《集贤县干部考核工作责任制》《集贤县推荐干部责任制》《集贤县干部管理责任制》。对考核工作的原则要求、工作职能、工作程序、工作标准、考核人员责任等提出要求。

1997年

1月，县农业局获1996年全省耕地培肥计划标兵单位称号，获省农业丰收计划二等奖。

5月23日，省体委、省教委授予集贤县1996年度全省百万青少年上冰雪活动先进集体称号。

7月1日，为庆祝香港回归，县出版诗集《回归颂》。

9月，集贤县在全省普及九年义务教育工作进行评估验收过程中，被省政府评为普及九年义务教育达标县。

10月，中央军委总后勤部、沈阳军区总后勤部批准集贤县军人转运站为集贤县人民政府军用饮食供应站，列入国家三级站管理。

11月5日，见义勇为县个体出租车司机李玉伟在人民大会堂受到尉健行等中央领导接见，并奖励人民币1万元。

12月，集贤县被省委、省政府、省军区授予全省拥军优属模范县称号。

同年，县第二轮土地承包工作开始，这次承包继续执行30年不变的承包政策。

1998年

1月28日，县农业局获省农业系统先进单位称号，获1997年度省耕地培肥计划一等奖，获省丰收计划二等奖。

3月20日，阳霖集团与美国太平洋公司合作，在美国芝加哥的谷物市场设立一分支机构，从事国际农副产品购销业务。

6月，省全民健身采访团到集贤县福利镇五四村进行了健身活动采访。

7月，县被授予全省农业开发先进县称号，获以奖代投30万元。

8月22日，大菩提寺举行全堂佛像开光，数万人参拜，盛况空前。

11月23日至26日，县委第十一次代表大会正式召开，县委书记武凤呈代表中共集贤县十届委员会作了题为《高举邓小平理论伟大旗帜，为实现富民强县目标而努力奋斗》的工作报告。

12月，团县委在全国青少年"三五"普法知识竞赛中，被团中央、国家少工委、中国少儿出版社、新华书店总店评为优秀组织奖。

1999年

1月28日，县委、县政府印发《关于农村政策中几个问题的规定》的通知，以推进稳定农村政策、巩固完善统分结合的双层经营机制、减轻农民负担工作。

3月，县乡企局被省政府授予兴乡企奔小康先进集体称号。

5月4日，集贤县召开纪念五四运动80周年暨首届集贤县十大杰出青年命名表彰大会。命名表彰了全县各条战线10个青年典型。

7月，永安乡被评为全省十面红旗之一，全县农村教育深化改革现场会在永安乡召开。

8月11日，省国家级职业教育评估现场会在集贤县召开，县职教中心进入国家级先进行列。

9月，举办全县第二届农民艺术节。

10月12日，福利镇五四村民委员会主任张杰敏，出席全国群众体育工作先进表彰会，受到江泽民总书记等党和国家领导人的接见，并合影留念。

11月，集贤县被省委、省政府、省军区授予全省双拥模范县称号。

12月，县被省社会治安综合治理委员会评为社会治安综合治理先进集体；全省开展的"破大案、打团伙、保平安"战役中县公安局荣获双鸭山市第一名，在全国"追逃"专项斗争中，集贤县公安局被评为省政法战线先进集体，荣获全市第二名，局党委荣立三等功。

2000年

1月7日，县召开"三讲"教育动员大会。

4月5日，集贤县被中国食品工业协会授予"中国大豆浸油之乡"称号。

4月9日，中共中央候补委员、省委常委、省经济工作委员会书记杜宇新，到集贤县调研大豆产业化工程情况。

4月，集贤县人民武装部被省政府、省军区评为三年正规化建设达标单位。

5月，集贤县被全国双拥工作领导小组、民政部授予全国爱心献功臣行动先进县称号；县纪检委信访室被省纪委、省监察局评为全省信访举报工作先进集体。

8月，省体育局授予集贤县体委全省群众体育工作先进单位称号。

10月，东辉古城、七星砬子抗联密营遗址，被确定为省级文物保护单位，太原南山古城等6处古遗址被列为县级文物保护单位。

11月，对机电公司、饲料公司、水产公司、地毯厂、化轻公司、集贤粉厂等16家企业依法评估破产。

12月，县工商行政管理局局长李乃臣被授予全国工商行管理系统优秀工商行政管人员称号。

2001年

2月28日，全县行政区划调整工作结束，全县行政区划由原来5镇7乡调整为5镇3乡，由原来的236个行政村合并为159个行政村。

4月1日，中国花园集团在县开发建设花园现代城。

5月，沈阳军区副司令毛凤鸣在省军区副司令员张志毅和军区首长的陪同下，检查县人武部全面建设情况。

6月26日，阳霖大酒店隆重开业，成为双鸭山市首家三星级旅游涉外酒店。

8月26日，团县委被团省委授予北大荒麦业杯全省农村青年科技活动先进县称号。

9月9日，中国花园工贸集团建筑花园现代城在集贤县破土动工。

10月8日，集贤县被中宣部、国家计生委授予全国婚育新风进万家活动先进县称号。

11月，国家体育总局授予福利镇、第七中学全国群众体育工作先进集体称号，授予县体育局长李林全国群众体育工作先进工作者称号，并出席了全国表彰大会，受到中共中央总书记江泽民等党和国家领导人接见，并合影留念。

12月，县文化馆出演的地方戏《撵妈》获国家文化部"群星奖"三等奖。

2002年

1月25日，县委、县政府将2002年确定为集贤县道德建设年，并在全县深入开展了道德建设年系列活动。

3月，安邦河湿地自然保护区被省林业厅和省计委确定为退耕还湿示范单位，并同意在保护区的试验区发展生态旅游。

4月，昌达油脂公司经理赵国军被省政府授予第九届劳动模范称号。

6月3日，县第二中学学生陶勇获全国数学奥林匹克竞赛国家级三等奖。

7月27日，集贤县承办2002年"鲁能杯"中国乒乓球俱乐部超级联赛（集贤赛场）。此次比赛由黑龙江三精明星队对上海圣雪绒队，中央电视台进行了现场转播。

8月，县职教中心学校生产的白酒、食用菌产品，代表黑龙江省参加全国长春职业教育成果展。

10月13日，亚洲发展银行顾问、中国人民大学环境保护学院常务副院长、博士生导师马忠教授，亚洲发展银行顾问，美国资深经济学家杜丹德到集贤县考察了安邦河湿地自然保护区情况。

10月，县委组织部、县委党史研究室编纂的《中国共产党黑龙江省集贤县组织史料（第三卷）》一书出版发行。

12月，安邦河湿地自然保护区被国家林业局授予全国自然保护区先进单位称号。

2003年

1月23日，省委常委、组织部长刘海生，深入到党建联系点集贤镇同意村走访慰问。

3月13日，县委常委（扩大）会研究决定，成立县革命老区建设促进会，由朴永鹤担任会长。

6月5日，集贤镇中兴村发现古生物化石13件，古代蕨类化石初步鉴定距今2亿年左右。

7月31日，全省首座由香港慈辉佛教基金会捐资37万，在福利镇安邦乡建成慈辉希望小学。

9月19日至20日，由世界亚太银行官员、专家及省发改委、省财政厅、省林业厅组成的专家组，对安邦河湿地自然保护区进行了项目确认。

11月，县教育局制发了《集贤县乡镇教育管理体制改革方案》，撤销8个教育办，成立了8个中心校。

12月4日，省教育厅乡镇检查评估团到永安乡检查，永安乡被评为全省首批教育强乡镇。

2004年

1月11日，全市首家综合性民营医院普康医院在集贤县开业。

2月23日，最高人民检察院授予集贤县人民检察院控告申诉科检察员张会杰全国检察机关"模范检察官"荣誉称号。

4月18日，省委副书记栗战书，就落实中央一号文件精神到集贤县调研。

5月1日，县人民检察院控申科检察官张会杰获全国"五一劳动奖章"。

5月24日，由原浙江省下乡知识青年408名成员组成的知情回访团到集贤县，开展捐资助学、招商引资、文化交流等活动。

7月7日至8日，山东省招远市招商经贸考察团到集贤县考察。

8月20日，省民政厅长沈玉成、副厅长蔡炳华对县爱国主义教育基地七星峰抗联密营纪念地建设情况进行调研。

8月20日，丰乐镇东风村首届西瓜节暨瓜菜批发市场开业庆典。

10月2日至3日，中、美、俄男篮对抗赛，由集贤县承办首场比赛，赛期2天。

11月19日，受国家发改委委托，以中国国际工程咨询公司石化轻纺业务部副主任吴永和为团长的专家评估团12人，对阳霖油脂集团，年处理66万吨大豆生产专用蛋及粉末油脂综合深加工项目，进行评估和检查。

12月1日，省首家县级劳动仲裁院在集贤县举行挂牌仪式。

2005年

1月1日，龙腾物流园区举行竣工剪彩仪式。该园区可办理配货、理发、餐饮、存车、停车业务，与国内诸多城市间均有配送业务往来。

4月13日，韩国基督教公庙董事长姜碧善与夫人林善爱到集贤县，参观了中韩合资昕泰管业加工厂。

7月6日，国家濒危野生物种办公室有关领导，对安邦河濒危物种进行实地调研。

8月23日，第四届中国·黑龙江省板子房西瓜节在丰乐镇东风村隆重开幕。省、市领导参加了开幕仪式，并深入瓜农与客商中间，详细了解西瓜品种、产量、销路等相关情况。

9月，农业部授予阳霖集团全国农业优秀龙头企业。

11月22日至25日，九三学社中央、中国农学会送科技下乡集贤现场会召开。全国政协常委、九三学社中央副主席、农业部 原部长洪绥曾，中国农学会副秘书长邹瑞苍等参会，并进行一系列送科技下乡活动。

12月，集贤县建成50万亩国家级高油大豆生产基地，被列为国家级绿色标准化生产基地建设大县，区域环评、环境化推进无公害产地认定县。

2007年

1月30日，宁波老知青叶晓龙一行三人到集贤县，代表宁波社会各界人士向贫困学生捐赠书籍，并发放帮困助学金。

2月4日，国家安全生产监督管理局总局副局长王德学对集贤县煤矿安全生产工作进行了督查。

3月29日，省商务厅厅长叶先锋带领招商引资项目视察组到集贤县项目基地进行视察。

4月5日，以省供销联社副主任赵瑞然为组长的省政府备春耕生产检查组对集贤县备春耕生产形势，存在的问题进行检查。

6月3日，省委常委，组织部部长龙新南在市委书记王小明的等领导陪同下，深入到新农村建设省级试点集贤镇同意村、腰屯乡宏图村进行视察。

7月18日，中铁十五局组成的考察组，就万邦环渤海3焦炭项目的续建工作进行了考察。

8月5日，国家农业部副部长危朝安、副省长申立国、省农科院研究所专家田心久来到集贤县，对抗旱救灾情况进行了视察。

8月18日，大菩提寺万佛塔举行开光大典，吸引国内外5万余人参加盛典。

9月12日，省长张左己，省长助理、省政府秘书长张松岭，深入到阳霖油脂三厂，对项目建设经济开展情况进行调研。

11月26日，公安部督导组督导专员陈佃会一行三人，对集贤县公安机关"三基"工程建设和贯彻学习党的十七大会议精神进行检查。

12月31日，集贤县召开了"美国加州树华教育基金会"成立十周年集贤纪念大会。

2008年

1月10日，集贤县第20届"科普之冬"科技大集在丰乐镇举行。21个涉农部门和科技企业在大集上设立宣传台，卫生医疗单位进行了义诊活动。

2月22日，集贤县举办赴俄罗斯农民工欢送会，兴安乡60名农民工成为2008年度首批赴俄罗斯劳务人员。

4月24日，集贤县城乡环境综合整治工作全面开展。

5月4日，集贤县召开纪念五四运动89周年暨第五届"全县十大杰出青年"颁奖大会。

6月21日，国家林业局湿地保护中心主任马广仁来集贤县调研。

7月16日，东北三省史学界专家学者考察团一行14人，来到集贤县考察文物工作。

9月19日，由市旅游局、集贤县政府主办的中国集贤七星峰首届"登山节"暨中国诗歌万里行"走进集贤活动隆重举行"。知名书法家张克思用如椽大笔书写下"攀七星振豪情"。

10月30日，参加2008中国粮食加工业双鸭山论坛暨合作项目对接的专家、学者、企业界人士200多人，到集贤县考察。

11月20日，集贤县25名入伍新兵开拔挺进西藏。

2009年

1月16日，集贤县举行改革开放三十周年诗歌朗诵会。

3月14日，国务院安委会督察组来集贤县检查煤矿安全生产工作，深入到升平煤矿井下现场查看。

4月25日，集贤县开展"保护母亲河，共建青年林"活动，全县数千名青少年参加植树。

5月1日，集贤县城内占地2.5万平方米的东方汽车城投入使用。

6月8日，浙江省宁波市老知青回访第二故乡集贤县。"知情专列"载着370名老知青走下火车受到热烈欢迎。

7月23日，由省委宣传部、省文明办领导组成的全省"三优"创建督查组，来集贤县检查工作，先后对翠园小区、宏图村、安邦河湿地进行了大检查。

8月3日，以国务院综改办副主任黄维健为组长的调研组一行4人来到集贤县，就国有农场改革工作及分离办社会职能情况进行调研。

9月6日，集贤县80多名朝鲜族群众来到七星峰，用歌声缅怀烈士。

10月28日，西藏自治区日喀则地区谢通门县委副书记、县长顿吉一行，来到集贤县对阳霖三厂和金谷农业科技有限公司大豆蛋白生产线进行考察。

12月16日，辽宁省煤炭工业管理局和沈阳市煤炭集团考察团，来到集贤县考察中铁十五局集团、中铁焦电集贤有限公司焦电项目。

2010年

1月25日，县委、县政府召开工作会议。表彰奖励了2009年度纳税大户、优秀企业家和在县域经济发展中做出突出贡献的先进集体、招商引资先进集体和个人及争取政策性资金先进个人。

3月18日，黑龙江省植物油产品质量监督检测中心揭牌剪彩仪式在集贤县举行。

5月27日，俄罗斯犹太自治州列宁区副区长亚历山大·彼得罗维奇，到集贤县进行友好访问。

6月15日，省长栗战书参观了哈洽会集贤县现代农业展区、轻工展区。

7月1日，集贤县举行"抗日纪念馆"揭匾仪式。

7月31日，清华大学"博士生县区行服务团"到集贤县开展实践服务活动。由3位博士为机关干部、教师及学生代表，做了专题报告。

8月11日，以"重走抗联路，再看新龙江"为主题的第四届网络媒体龙江行采访活动，到革命旧地红联村、七星峰烈士纪念碑、安邦河湿地公园、华本集团参观。

9月29日，集贤县召开全县劳动模范表彰大会，授予林业局等为模范单位，物价局办公室等23个集体为模范集体，孙凤佳等53名同志为劳动模范。

10月10日，集贤县举行了农民工赴非洲安哥拉务农欢送仪式，27名农民工奔赴阿格拉从事劳务。

10月28日，集贤县老促会被授予"全国先进老促会"称号，集贤县老促会会长朴永鹤，受到贾庆林等党和国家领导人的亲切接见，并合影留念。

12月12日，团省委书记张恩亮、北京团市委副书记于庆峰带领北京市青年企业协会30多人，"三国五方"经贸考察团到集贤县参观考察。

2011年

1月28日，县委、县政府举办2011年新春团拜会。

3月5日，团县委组织开展以"保护母亲河，美化城乡环境"为主题的系列活动，以纪念毛泽东同志"向雷锋同志学习"题词48周年。

4月14日，省委常委、宣传部长张效廉深入到腰屯乡宏图村、福利镇农丰新区调研。

5月23日，省老促会副会长、省人大常委会原副主任藤昭祥一行，对集贤革命老区建设工作进行检查指导。

6月15日，集贤县在哈尔滨市和平邨宾馆举行经济技术合作项目签约仪式。签约项目10个，总金额59.2亿元。

6月28日，省委副书记、省长王宪魁深入到华本集团煤化工项目、西外环路、四达农副产品交易中心、农业观光示范区、安邦河治理等地视察，给予充分肯定。

7月12日，以市人大常委会原主任胡有贵为组长的市政府监督检查组到集贤县检查。

8月6日，广东省潮州市考察团对七星峰整体开发项目进行考察。

10月20日，华丰煤化工有限公司举行焦炉煤气制甲醇投产庆典仪式。市委书记李显刚、市长武凤呈为庆典仪式剪彩。

11月12日，县委书记王郁带领有关领导，到佳木斯市北方佳宾酒厂日军侵华罪证陈列室参观，学习企业创办展览馆，弘扬抗日文化的做法。

12月21日，以省委常委、省纪检委书记李延芝为组长的省检查组到本县检查工作。实地察看了华丰煤化工焦炉煤气制甲醇、农丰新村、时代新城项目。

2012年

1月1日，集贤县首届冰雪文化节开幕。出席双鸭山市第10次党代会300名代表参加冰雪大世界开园庆典。

2月15日，县委、县政府召开工作会议。对纳税大户、优秀企业家、县域经济发展突出贡献、争取政策性资金先进单位、招商引资、信访维稳、党群工作先进集体、先进个人及冰雪文化节获奖单位，进行表彰。

3月20日，省住宅和城乡建设厅调研组深入到安邦河改造工程、水阁云天、紫金花园、时代新城、花园现代城、站前广场，进行调研。

4月4日，全县中小学生数千人，到革命烈士陵园，开展清明节扫墓活动。

5月14日，省委副书记、省长王宪魁到升平煤矿进行调研。

6月11日，电视剧《东北抗日联军》总导演李文岐，带领美术、制景组人员，到七星峰实地察看抗联遗址。

6月27日，佳木斯市海关关长张永涛来本县，就四达国际贸易中心设立海关事宜进行考察和洽谈。

8月12日，副省长孙尧、哈尔滨市海关关长韩森到本县，就四达国际贸易中心设立海关监管点进行专项调研。

9月7日，全国人大代表原省委副书记杨光洪，与省委巡视组长滕喜魁带领的黑龙江省全国人大代表专题调研组，到农丰新村、时代新城进行调研。

10月26日，四达中俄国际贸易中心举行开业庆典仪式。来自俄罗斯客商，国内各地的应邀嘉宾，以及全县2万多人参加庆典。

11月30日，由黑龙江省军区政治部主任夏中国带领的检查组到本县，对人民武装建设工作进行检查指导。视察了武装部办公区、生活区、战略物资库等地。

12月15日，俄罗斯客商到四达中俄国际贸易中心进行业务洽谈。议定在同江口岸开关过货，中俄两地商品将通过四达实现冬季热运。

2013年

1月27日，在四达中俄国际贸易中心，集贤县与俄罗斯进行首次贸易，6辆大型货车满载100多吨水果、蔬菜，运往俄罗斯。

2月22日，县委书记王郁、县经济开发区党工委书记肖瑞来，在四达中俄国际贸易中心会见厄瓜多尔东北亚区域商务代表处商务参赞倪新江和大连聚鸿贸易有限公司董事长曾桂芝一行。

4月25日，省委第三巡视组到集贤县检查工作，就改进工作作风，密切联系群众的九项规定进行巡视。

6月1日，俄罗斯哈巴罗夫斯克边疆区及犹太自治州农检局植物检验检疫局代表，与部分俄罗斯客商，应邀到四达国际贸易中心进行考察。

7月10日，四达中俄国际贸易中心与韩国雨洋集团签约，韩国商品落地该中心。

7月17日，集贤县举行"万名大学生进万村"社会实践活动启动仪式。升昌镇、永安乡与东北农业大学的学生进行入村对接。

8月4日，黑龙江四达农副产品有限公司与俄罗斯斯诺列克斯有限公司签约。自此，本县果蔬、豆类等产品销往俄罗斯。

9月24日，欧洲著名木材生产商德国席勒公司总裁席勒和德国乌德林克公司总裁安德森，考察四达中俄国际贸易中心。

10月24日，美籍华人、医学博士，唯一获得国际理查德欧考那奖的亚洲医学专家张中南到本县讲学。

11月30日，省委书记王宪魁视察四达中俄国际贸易中心项目，县长许德东介绍有关情况。

2014年

3月29日，四达中俄国际贸易中心宝云德交易市场举办春季古玩交流会。展出藏品10多门类，参展商200多家。

4月1日，广西壮族自治区百色市副市长刘世恩带队，到四达中俄国际贸易中心进行商务考察。

7月8日，湖北省武汉市九生堂考察团到集贤县，参观考察了四达中俄国际贸易中心、吴越农业科技有限公司。

8月25日，省委副书记、省长陆昊带领调研组到集贤县华本生物能源公司调研。

9月25日，省老促会副会长兼秘书长博亚文到集贤县进行工作调研。

10月19日，宝泉岭农场管理局局长刘相增、建三江农场管理局土地局局长周伟江、友谊县人大常委会主任教传华到集贤县考察产业项目建设情况。

11月6日，山东省威海市商会到集贤县参观考察，对集贤县产业项目建设给予高度评价。

2015年

4月1日，县委、县政府在四达中俄国际贸易中心召开对俄贸易工作座谈会。全县对俄过货7 879吨，进出境车辆380辆，创汇462万美元。

5月1日，中俄国际春季大型展销会在七星广场举行。展销会集汽车销售、美容、保养、保险及房产、家具建材、旅游娱乐等行业进行展销。

6月3日，省委系列决策部署落实情况督查组到集贤县督查。深入到四达中俄国际贸易中心的海关报关大厅、检验检疫中心进行实地检查。

6月12日至19日，县委书记王郁带领部分企业负责人前往俄罗斯雅库茨克参加2015中国·黑龙江—萨克（雅库特）共和国经济贸易洽谈对接会，并前往哈巴罗夫斯克、南萨哈林斯克、共青城等地考察招商。

7月26日，县政府与俄罗斯比罗比詹犹太自治州下列宁斯阔耶区签订农业开发战略合作协议。集贤县将在俄罗斯比罗比詹犹太自治州下列宁斯阔耶区开垦75万亩耕地。

9月2日，为纪念抗日战争胜利70周年，县老促会组织合唱队，在休闲广场举办抗联歌曲演唱活动。

9月19日，广东省深圳市委副书记、市长许勤带领调研组，到安邦河自然保护区和天兴生物科技集团升昌物流有限公司调研。

11月5日，集贤县召开领导干部会议。市委组织部常务副部长于国华宣读省委关于于世军同志任集贤县县委书记决定。市委常委、组织部部长马新做了重要讲话。

12月4日，集贤县开展国家宪法日暨全国法制宣传日系列宣传活动。

2016年

1月17日，县委书记于世军在吉林省四平市参加了浙江颐高集团"互联网+双创"四平峰会，并与颐高集团签署了运营合作协议。

3月30日，市委书记、市人大常委会主任孙喆深入我县，就备春耕生产、种植业结构调整和扶贫开发等工作进行调研。

5月19日，县委书记于世军到福利镇东发村，为村两委班子和党员送去党章、党规及学习教材，为党员佩戴党徽，并与全体党员重温入党誓词。

6月30日，中共集贤县委庆祝中国共产党成立95周年暨表彰大会在文广大厦召开。县委书记于世军讲话，县委副书记、县长李凯主持会议。

9月27日，省委常委、宣传部长张效廉到我县四达"龙江丝路带"工艺美术基地，就文化产业发展情况进行调研。

9月28日，省委副书记、省长陆昊来我县，就煤城转型发展工作进行调研。

10月28日，应杭州市政府及颐高集团邀请，县委书记于世军参加2016中国双创发展论坛（杭州峰会）。

11月8日，新建牡丹江至佳木斯铁路客运专线正式开工。省委书记王宪魁，省长陆昊，中国铁路总公司、副总经理黄民，省委副书记黄建盛，省委常委、副省长郝会龙，省铁路建设领导小组副组长张秋阳，省委秘书长张雨浦，省政府秘书长李显刚，为项目开工奠基。

12月11日，市委副书记、市长宋宏伟在县委副书记、县长李凯陪同下，到牡佳客运专线七星峰隧道工程项目施工现场，看望慰问项目施工单位干部职工。

12月20日，中国共产党集贤县第十五次代表大会在四中报告厅隆重开幕。于世军同志向大会作了题为《坚定实施"五个功能区"发展战略 全面提升人民群众的获得感》的报告。

2017年

2月23日，集贤县召开中俄县区友好合作座谈会。县委副书记、县长李凯，县经济开发区党工委书记肖瑞来，副县长聂建辉及俄罗斯萨哈雅库特纳姆斯基区政府相关人员参加了座谈会。

3月23日，市委书记孙喆到集贤县调研，就农业种植结构调整、"双创"、"第一书记"等工作进行再研究、再部署、再推进。

5月17日，县委书记于世军会见了北京三聚环保新材料股份公司董事长刘雷带领的投资考察团，双方就秸秆新能源综合利用等项目投资意向进行深入交流。

5月20日，县委副书记、县长李凯在政府四楼会议室会见了由大北农集团副总裁吴文，美国华多集团董事长MAX为首的客商，双方就如何做好下一步工作以及合作方式进行了深入交流。

7月19日，新疆阿勒泰地区来集贤县挂职干部巴里恒·黑沙甫、木巴拉克·毛吾题、叶克奔·加丁、达木·努尔别克等一行分别到福利镇胜利村、兴安乡合发村走访慰问贫困群众，并与贫困群众结成"亲戚"。

9月17日，以国家林业局场圃总站处长周素芹为团长的国家考察评估团和以省林业厅森林公园管理站李淳处长为团长的省考察团来集贤县就七星砬子申报国家森林公园工作进行考察评估。

10月14日，江苏省黑龙江商会会长张平刚、南京果果食品集团董事长蒋跃君等一行参观了四达中俄国际贸易中心，并深入臻美农业科技有限公司，对集贤县特色、绿色农产品进行调研。

11月6日，县委书记于世军，主持召开县扶贫开发领导小组会议。听取产业扶贫工作和"两不愁、四保障"涉及部门工作进展情况汇报，对脱贫攻坚工作进行部署。

2018年

1月16日，爱心企业家北京双鸭山商会会长、北京常氏鸿图科技集团董事长魏丽虹为老区村太平镇太平村捐赠100万元善款，用于基础设施建设。

2月1日，县委书记于世军接待黑龙江辰能投资集团有限公司副总经理、总工程师郭欣一行，就在集建设生物质发电项目相关事项进行协商洽谈。

3月10日，县委书记于世军应邀参加北京黑龙江企业商会第三届二次会员大会暨黑龙江项目推介会。

5月17日，市委副书记、市长郑大光到我县深化机关作风整顿优化营商环境工作联系点、基层党建工作联系点和扶贫联系点开展调研。

6月29日，应我县工商联的邀请，龙商国际联盟常务副主席、广西龙商会会长、广西郑氏辉煌矿业集团董事长郑玉民和广西龙商会副会长、威海宇王集团董事长贾金财来我县进行项目合作考察交流。

8月29日，县委副书记、县长李凯接待北京宏吉投资有限公司客商，就北京宏吉到我县考察投资建设秸秆利用项目的具体事宜进行座谈。

9月26日，佛山市青年商会考察团、团市委书记王言磊及市青企协主要成员一行25人来到我县，就绿色农产品产业项目进行考察。

10月9日，县举办"大众创业我参与，万众创新我引领"活动周启动仪式。

11月11日，新疆福海县工商联党组书记、副主席于全民，福海县丰吉尔食品有限公司董事长邱福强，福海县大尾羊公司总经理马占林等一行8人来我县，就产业项目、特色农产品及电子商务发展情况进行考察。

12月7日，由市委宣传部组建的"中国梦 身边事"百姓宣讲团走进集贤县，开展以"将改革开放进行到底"为主题的百姓宣讲活动。

后 记

  《集贤县革命老区发展史》揭露了日本侵略者的滔天罪行，讴歌了集贤人民在中国共产党领导下英勇顽强的革命斗争精神和与时俱进，开拓进取建设美好家乡的昂扬斗志，弘扬用鲜血和生命铸就的伟大抗联精神，作为进行爱国主义和革命传统教育的教材，献给中国共产党建党百年。

  本书编辑坚持忠于历史，有益当代，力求准确，内容真实，旨在饮水思源，不忘初心，铭记历史，激励人们为集贤的振兴，祖国的富强奋发作为，创新奉献。

  本书在编写过程中，得到了省、市老促会、县委、县人大、县政府、县政协及相关部门的重视和支持，县长为本书作序。县委常委、统战部长张晖、县政府副县长聂建辉，县委办、政府办、发改局、党史研究室、县志办、档案局提供资料，撰写文稿，在此，一并表示衷心的感谢！

  由于年代久远，史料不全，加之水平有限，缺憾和错讹之处在所难免，敬祈批评指正。

编者
2020年6月